SOHNSCHAFT

EINE REISE IN DAS HERZ DES VATERS

M. JAMES JORDAN

Fatherheart Media
www.fatherheart.net

Für Jack und Dorothy Winter

INHALTSVERZEICHNIS

DANKSAGUNGEN

Ich kann Jack Winter nicht genug würdigen für den gewaltigen Einfluss, den er auf mein Leben hatte.

Als junger Christ sprach der Herr auf der Bibelschule deutlich zu mir, dass er mich dazu beruft ein „Josua" für Jack Winter zu sein. Denise und ich gingen also bei Jack für die folgenden fünfundzwanzig Jahre in die Jüngerschaft und wurden später sein geistlicher Sohn und seine geistliche Tochter. Genauso wie Josua sich alles aneignete was der Herr zu Mose sprach, so versuchte ich mir alles anzueignen was der Herr Jack verliehen hatte. Bevor er starb, legte er mir die Hände auf und betete für die Weitergabe seiner Salbung. Seit dem Zeitpunkt von Jacks Heimgang versuche ich also, wie Josua nach Moses Tod, weiter voranzugehen, um das Land hinter dem Fluss einzunehmen.

Mit großer Zuneigung möchte ich John und Sandy Randerson, Jan und Sandra Rijnbeek, meiner Frau Denise und meinen Kindern, (sowie noch einmal) Jack Winter und ein paar weiteren Menschen danken, die stets an mich geglaubt haben, mich unterstützten und mich trugen, wenn ich unfähig war auf meinen eigenen Füßen zu stehen.

Ich möchte mich bei Stephen Hill für die stundenlange Arbeit bedanken, ohne die dieses Buch nicht umsetzbar gewesen wäre. Vielen Dank auch an Wilson und Erica Sze für ihre Ermutigung und ihre Entschlossenheit seine Veröffentlichung voranzutreiben.

Mein weiterer Dank gilt den Leuten von „Fatherheart Ministries International" für ihre Freundschaft und Ermutigung entlang des Weges, auf dem wir zusammen die Liebe des Vaters erforschen.

Zu guter Letzt: ich kann einfach nicht die richtigen Worte finden – ich glaube nicht, dass sie existieren – Worte, die genug Dank gegenüber unserem Gott und Vater für Seinen unglaublichen Plan und Seine Fähigkeit, diesen in meinem Leben umzusetzen, ausdrücken. Er war mit mir, bevor ich zum Glauben kam und war seitdem treu an meiner Seite – unbeeindruckt von meinen Erfolgen oder Fehlern. Er liebt mich einfach.

VORWORT

Im Jahr 1977 sah Jack Winter etwas, inmitten der unterschiedlichen Facetten und Bewegungen der damaligen Christenheit. Es war ein strahlender Blitz reinen Lichts. Er blickte direkt in das Herz Gottes, des Vaters. Die Nachwirkungen dieser Offenbarung sind bis zum heutigen Tag zu sehen.

Jack und Dorothy Winter lebten bis zu jenem Tag ein sehr abenteuerliches Leben. Erfüllt mit dem Heiligen Geist und Glauben waren sie in das Unbekannte gereist, ließen die Welt und ihre Sorgen hinter sich und lebten mit einem Ausmaß an Hingabe an Geist und Wort, wie man sie nur sehr selten antrifft. Nach nicht allzu langer Zeit schlossen sich hunderte von Menschen aus der ganzen Welt ihrem Dienst, der damals „Daystar Ministries" genannt wurde, an. Inmitten dieses Netzwerkes von Gemeinschaften empfing Jack diese Einsicht in das Herz des Vaters.

In den letzten fünfundzwanzig Jahren seines Lebens widmete Jack die außergewöhnlichen Ressourcen seines reichen Innenlebens und seinen reichen Erfahrungsschatz im geistlichen Dienst dem alleinigen Ziel, die Liebe Gottes weiterzugeben. Er hatte erkannt, dass diese Liebe tatsächlich etwas Reales und Erfahrbares ist – etwas das an andere weitergegeben werden kann und in der Lage ist, alle zu heilen, die zerbrochenen Herzens sind. Er flog Millionen von Kilometer rund um den Globus und verbrachte jeden Tag von Tagesanbruch bis Tagesende damit, tausende von Menschen in seinen Armen zu halten, damit sie die wunderbare Heilung Gottes erleben konnten.

Ich war einer dieser Menschen. Jack hatte die Wirklichkeit von Gottes väterlicher Liebe gesehen – den Höhepunkt der Offenbarung des Neuen Testaments.

Dieses Buch erzählt meine persönliche Reise in das Licht dieser Offenbarung. Jack war ein geistlicher Vater für mich und bevor er im August 2002 verstarb, legte er mir seine Hände auf, damit ich seinen Mantel empfangen würde. Doch selbst die leuchtende Offenbarung der Liebe des Vaters, die er empfangen hatte, war nur Stückwerk. Denn es gibt immer noch mehr. Hier ist der Weg, wie ich zum Vater gefunden habe. Die Ausgießung Seiner Liebe in mein Herz hat mich von einem einfachen Leben als Christ in ein Leben als ein Sohn Gottes hineingeführt. Doch wie es sich herausstellte, war dies nur der erste Schritt. Denn das Aufregende ist, es gibt immer noch mehr.

James Jordan,
Taupo, Neuseeland 2012

KAPITEL 1

Die Offenbarung des Vaters

~

Ich habe in den letzten fünfzehn Jahren mehr als fünfunddreißig mal die Erde umrundet und in unzähligen Konferenzen und Gemeinden gesprochen, um die Offenbarung des Vaters weiterzugeben. Dabei fühle ich mich oft so, als ob der Herr mich einfach um die Welt schickt, um den Leuten zu erzählen, was sich in meinem eigenen Leben ereignet hat. In diesem Kontext sagte jemand mal zu mir: „James, du scheinst zu glauben, dass die Liebe des Vaters die Antwort auf jedes Problem der Menschheit ist." Nun, glaube ich das wirklich? Um ehrlich zu sein, ja, ich glaube das von ganzem Herzen.

Um es genau zu nehmen, je tiefer ich in diese Offenbarung der Liebe des Vaters eintauche, desto mehr realisiere ich, dass eine komplette Neuüberholung des christlichen Glaubens notwendig ist. Denn bis jetzt hatten wir ein Christentum, das viel zu sehr darauf ausgerichtet ist, was wir zu tun haben, anstatt darauf, wer Gott ist und was Er getan hat! Weil das Evangelium oft falsch dargestellt wird, ist es für viele von uns eine Last geworden. Oft wurde uns erzählt, was wir aus unserer eigenen Initiative heraus tun sollten, anstatt was Gott aus *Seiner* Initiative heraus bereits getan hat. Vielen von uns wurde erzählt, dass wir nur deshalb gesegnet wurden, damit wir wiederum ein Segen für andere Menschen seien. Die einfache Wahrheit ist jedoch, dass wir gesegnet wurden, weil Gott uns liebt und weil Er sich danach sehnt uns zu segnen. Uns wurde jedoch ein Evangelium präsentiert, das uns vermittelt wir müssten für Gott arbeiten – allerdings kann ich ein Lied davon singen, dass dies letztendlich dazu führt, dass man ganz schön auf die Nase fällt. Deshalb fliehen immer mehr Christen Hals über Kopf vor dieser Art von Christentum und springen von dem Hamsterrad ab, in dem sie ständig versuchen müssen Gott zu gefallen und für Ihn zu arbeiten.

Um was es im christlichen Glauben letztendlich geht, ist ganz einfach folgendes: Gott liebt dich und Er möchte, dass du in der beständigen Erfahrung Seiner aktiven und erfahrbaren Liebe lebst. Wenn wir diese Liebe erfahren und erkennen, bringt uns dies in Ruhe, Zufriedenheit und in einen inneren Frieden. Dadurch wirken wir auf andere Menschen in unserer näheren Umgebung ansteckend – nur durch unser Sein. Wir befinden uns inmitten einer Neuüberholung, einer Reformation und einer Wiederherstellung des christlichen Glaubens die, so glaube ich, genauso bedeutend ist, wie die protestantische Reformation es war.

JESUS ZU KENNEN, IST NICHT DASSELBE WIE DEN VATER ZU KENNEN

Den Eindruck, den ich über die Jahre hinweg in Bezug auf den christlichen Glauben gewonnen habe ist, dass sich alles allein um Jesus dreht. Der Vater wird eigentlich oft nur sehr beiläufig erwähnt.

In der Tat scheint der Vater im Vergleich zu der Person Jesu mehr im Hintergrund zu stehen. Ich glaube der Grund, warum wir solch einen Schwerpunkt auf die Person Jesu legen, ist unsere Vorstellung, dass wenn wir Jesus kennen und Ihn erfahren haben, wir automatisch auch eine Beziehung mit dem Vater eingegangen sind. Johannes 14,7 ist einer dieser Verse auf den dieses Missverständnis zurückzuführen ist. Jesus sagt hier im Prinzip: „Wenn ihr mich erkannt habt, werdet ihr auch meinen Vater erkennen." Wir müssen uns dabei jedoch ins Gedächtnis rufen, dass Jesus *nicht* der Vater ist, und dass der Vater *nicht* Jesus ist. Jesus sagt hier also nicht: „Ich bin der Vater." Er behauptete auch nie, dass es dasselbe sei, Ihn zu kennen, wie den Vater zu kennen. Stattdessen sprach Er davon, dass der Vater in Ihm war und Seine Werke durch Ihn vollbrachte und dass Er die Worte sprach, welche der Vater Ihm gab. Jesus sagte: „Ich tue nur die Dinge, die ich meinen Vater tun sehe." Er sagte jedoch *niemals*: „Ich bin der Vater."

Alles, was wir lehren, muss auf der Schrift gegründet sein. Wenn wir jemals eine Offenbarung empfangen, die sich nicht biblisch begründen lässt, dann ist dies ganz einfach keine Offenbarung von Gott. Es muss allerdings erwähnt werden, dass ein Leben nach der Schrift nicht unbedingt dasselbe ist, wie mit Gott zu gehen. Wenn du jedoch mit Gott gehst, wirst du dich *automatisch* im Rahmen der Schrift bewegen. Wir wandeln im Geist, nicht im geschriebenen Wort. Der Geist wird uns niemals in eine Richtung leiten, welche das geschriebene Wort nicht bestätigt. Die ersten Jünger lasen das Neue Testament kein einziges Mal. Stattdessen schrieben sie es! Und was war ihr Quellmaterial? Sie wandelten im Geist und der Geist gab ihnen die Worte ein, die sie schreiben sollten.

Ich las einmal eine Aussage von Andrew Murray, welche eine enorme Auswirkung auf mich hatte und die der eigentliche Grund war, warum ich das vorliegende Buch zu schreiben begann. Er schrieb: „*Was die Liebe des Vaters für Jesus war, wird Seine Liebe für uns sein.*" Siehst du, der große Mangel in unserer christlichen Erfahrung ist der, dass selbst wenn wir Christus vertrauen, wir den Vater oft außen vor lassen. *Aber Christus kam, um uns zu Gott dem Vater zu bringen.* Das war der eigentliche Grund, warum Er kam – um uns zum Vater zu bringen.

Andrew Murray schreibt weiter: „*Sein Leben in der Abhängigkeit vom Vater, war ein Leben in der Liebe des Vaters.*" Ich liebe diese Aussage! Der Grund, warum Jesus fähig war, in solch einer Abhängigkeit von Seinem Vater zu leben war, dass Er sich von seinem Vater geliebt wusste und Er sich auf diese Liebe verlassen konnte. Deshalb war Er in allem, was in Seinem Leben geschah, völlig abhängig von Seinem Vater. Dann macht Andrew Murray eine Aussage, die ich am meisten liebe: „*Was die Liebe des Vaters für Jesus war, wird Seine Liebe für uns sein.*" Welchen Platz nahm die Liebe des Vaters in Jesu Leben ein? Wie wichtig war die Liebe des Vaters für Jesus? Man müsste eigentlich sagen, dass sie Ihm alles bedeutete! Es war Ihm eine Freude, den Willen des Vaters zu tun. Er lebte in der beständigen Erfahrung und Erkenntnis der Liebe des Vaters für ihn. Ja, Er ruhte im Schoß des Vaters und lebt ewiglich im Herzen des Vaters als Seinem Zuhause.

Ich glaube, dass wir heute die Anfänge einer Welle von Offenbarung beobachten, die über die gesamte Erde hinweg fegen wird, ein Anschwellen des Ozeans, der sich langsam an den Stränden dieser Welt wie ein Tsunami auftürmt. Diese Welle der Offenbarung ist die Wiederherstellung der Bedeutung des Vaters im christlichen Leben.

Derek Prince kommentierte einmal zu Johannes 14,6 (wo Jesus sagt: „*Ich bin der Weg und die Wahrheit und das Leben; niemand kommt zum Vater außer durch mich"*): *„Dieser Vers spricht über einen Weg und über ein Ziel. Jesus ist der Weg, der Vater ist das Ziel."* Er macht dann folgende Aussage: *„Das Problem mit dem Großteil der Gemeinde heutzutage ist, dass wir auf dem Weg stecken geblieben sind!"*

Wir sind auf dem Weg stecken geblieben! Wir sind zu Jesus gekommen, sind jedoch nicht weiter in eine enge Beziehung mit dem Vater gelangt. Einer der Hauptgründe dafür ist, dass es vielen von uns an einer engen Beziehung mit unseren irdischen Vätern gemangelt hat und wir uns dann solch eine Beziehung einfach nicht vorstellen können, wenn wir Schriftstellen dieser Art lesen. Deshalb interpretieren wir unsere ganze Theologie aus der Vorstellung heraus, dass sich der christliche Glaube allein um Jesus dreht. Ich glaube jedoch, dass Jesus gesagt hätte: „Es dreht sich eben nicht alles nur um mich. Stattdessen dreht sich alles um meinen Vater."

Bildlich dargestellt leben wir in einer Zeit, in welcher sich das Fundament des christlichen Glaubens von einem zweibeinigen Hocker zu einem dreibeinigen Hocker erweitert. Wir hatten in der Vergangenheit eine Offenbarung der Person Jesu und der Person des Heiligen Geistes empfangen und haben dann unseren gesamten christlichen Glauben auf diese zwei Wahrheiten gegründet. Wenn man über etwas eine Offenbarung hat, dann wird dies für unsere Herzen zu einer Realität. Doch jetzt ist Gott dabei eine Offenbarung von Ihm als Vater freizusetzen und weil Gott Liebe ist, ist diese Liebe erfahrbar. Manche Menschen erleben sie wie einen mächtigen Sturm, während sie sich in den Herzen anderer Stück für Stück einen Weg bahnt. Es spielt jedoch keine Rolle wie diese Offenbarung zu uns kommt, wichtig ist nur, dass sie kommt. In der Tat ist es so, dass Offenbarung meistens wie das schrittweise Heranbrechen eines neuen Tages zu uns kommt.

Um ein Fundament dafür zu legen, was der Vater im christlichen Leben bedeutet, möchte ich von Augustinus von Hippo zitieren, der einmal sagte: *„Die ganze Bibel tut nichts anderes als uns über Gottes Liebe zu berichten. Dies ist die Botschaft, die alle anderen Botschaften untermauert und erklärt.“* Jedes nur mögliche, erdenkbare christliche Thema ist ein Ausdruck der Liebe des Vaters. Der christliche Glaube ohne das Verständnis und die Erfahrung der Liebe des Vaters ist ein christlicher Glaube, dem sein Fundament abhandengekommen ist.

Unsere Vorstellung darüber, was es bedeutet Christ zu sein, wird in eine Schieflage geraten, wenn sie nicht auf die Liebe des Vaters gegründet ist. Selbst das Kreuz ist ein Ausdruck der Liebe des Vaters und nicht die Liebe des Vaters ein Ausdruck des Kreuzes. Denn so hat Gott die Welt geliebt, dass Er seinen einzigen Sohn gab und Sein Tod am Kreuz war, in diesem Sinne, die größte Demonstration des Ausmaßes der Liebe Gottes zu uns. Das Kreuz drückt also aus, wie die Liebe Gottes wirklich ist. Die Liebe des Vaters stellt das Zentrum des christlichen Glaubens dar. Das Kreuz entfernt einfach alles, was sich zwischen uns und diese Liebe stellt, so dass wir voller Zuversicht zum Thron der Gnade kommen und auf Seinen Schoß klettern können, um Ihn als unseren Vater kennenzulernen. Unsere christliche Botschaft wird verzerrt, wenn wir nicht verstehen, dass die Liebe des Vaters die Offenbarung ist, die alle anderen Botschaften untermauert und erklärt.

Augustinus schrieb weiter: *„Wenn das geschriebene Wort der Bibel in ein einziges Wort umgewandelt werden könnte und zu einer einzigen Stimme würde – diese Stimme, kraftvoller als die tobende See, würde ausrufen: ‚Der Vater liebt dich!‘“*

Wir müssen verstehen, dass wir nicht wissen können, was wir

nicht kennen! Wir wissen nicht, dass wir den Vater nicht kennen. Wir kennen vielleicht die Lehre und wir können vielleicht sogar andere darin unterrichten, was es bedeutet Gott als Vater zu kennen, ohne ihn persönlich als unseren Vater für uns selbst zu kennen. Eine Offenbarung wiederum verändert unsere Sichtweise derart, dass wir ohne bewusst darüber nachzudenken damit beginnen, Gott als unseren Vater anzurufen. Andererseits können wir all die Schriftstellen kennen, die über den Vater sprechen und dann annehmen, es sei dasselbe wie den Vater selbst zu kennen! *Wir* können jedoch nicht wissen, was wir noch nicht kennen!

Eines der größten Probleme in der heutigen Christenheit ist die Annahme, dass wenn wir wissen was die Schrift sagt, wir dann automatisch in der Erfahrung dessen leben über was sie spricht – eine Annahme, die einer falschen Auffassung zugrunde liegt und der ich sehr oft begegne wann immer ich über dieses Thema lehre. Es kann vor allem für die unter uns, die akademisch geprägt sind und ich zähle mich dazu, ein Problem darstellen. Viele Jahre dachte ich, dass die Erkenntnis der Schrift dasselbe wäre, wie in der Realität dessen zu leben, über was die Schrift spricht. Dies führte mich in eine absolut falsche Richtung in Bezug auf meine Beziehung mit Gott, ein Irrglaube der letztendlich durch mein persönliches Versagen zerschlagen wurde. Als ich fiel, realisierte ich auf einmal, dass meine gesamte Erkenntnis mich kein Stück verändert hatte! Also schrie ich zu Gott um etwas, das mich verändern würde.

Wir leben in einer Zeit, in der sich Gott auf solche Weise als Vater offenbart, wie wir es seit der Zeit der Apostel nicht erlebt haben. Egal was du in der Vergangenheit erkannt oder erlebst hast, es gibt noch immer weitere Ebenen der Liebe des Vaters zu erfahren. Wenn wir unsere Herzen dafür öffnen können, kann

Er unsere gesamte christliche Erfahrung in etwas viel Größeres verwandeln. Der christliche Glaube fängt erst dann wirklich an, wenn wir das erleben für was Jesus letztendlich am Kreuz starb – damit wir die Liebe des Vaters empfangen würden!

Doch lass mich zunächst mit meiner eigenen Geschichte, darüber wie ich selbst in diese Offenbarung hineinkam, beginnen. Als Denise und ich im Jahr 1972 zum Herrn fanden, kamen wir aus einem Hintergrund, der auch nicht im Entferntesten christlich angehaucht war. In anderen Worten, wir waren in keiner Form christlichem Einfluss ausgesetzt gewesen. Das nächstgelegene Gebäude zu dem Haus, in dem ich aufwuchs, war eine kleine Kirche auf einem Hügel und ich konnte damals beobachten wie Leute regelmäßig dort hineingingen. Manche von ihnen waren meine Schulfreunde, aber ich konnte nicht verstehen, warum sie einen wunderschönen Sonntagmorgen in einer Kirche verbringen wollten. Um ehrlich zu sein, ich verstand überhaupt nichts. Selbst das Wort „wiedergeboren" war mir nie zu Ohren gekommen.

Als ich fast 25 Jahre alt war, übergab ich mein Leben dem Herrn. Meine Errettung stellte eine gewaltige Veränderung in meinem Leben dar, da ich von jüngster Kindheit an ein sehr einsames Leben geführt hatte. Wir lebten in einem kleinen Dorf auf dem Land und so hatte ich die meiste Zeit niemanden um mich herum, der mit mir spielen konnte. Die Jungen meines Alters lebten mindestens viereinhalb Kilometer entfernt von uns. Dies war der Grund, warum ich nach der Schule und an den meisten Wochenenden ganz allein zwischen den Feldern und Bauernhöfen hinter unserem Haus umherstreifte. Oftmals streifte ich nach der Schule bis zum Anbruch der Dunkelheit über die Hügelkette in unserer Umgebung und lief dann querfeldein über die Feldwege, kletterte über Zäune und Tore zurück nach Hause. Ich kannte mich sehr gut aus, aber ich war allein.

Als Jesus also, inmitten meiner extremen Einsamkeit in mein Leben trat, hatte dies eine riesige Auswirkung auf mich. Auf einmal begegnete mir in meinem Herzen eine Person, die mich liebte, woraufhin ich einfach damit begann Jesus ebenfalls zu lieben. Deshalb war meine Errettung wortwörtlich eine herrliche und farbenprächtige Erfahrung. Niemals zuvor strahlte der Himmel in einem helleren Blau oder leuchtete das Gras in einem frischeren Grün.

IN ERWECKUNG HINEINGEBOREN

Als ich gerettet wurde, besuchten Denise und ich eine Gemeinde, die sich inmitten einer Erweckung befand. Nun, viele amerikanische Christen benutzen das Wort „Erweckung" auf dieselbe Art und Weise, wie wir das Wort „Evangelisationsveranstaltung" benutzen würden. Erweckung, wie ich sie jedoch verstehe, geschieht wenn die Gegenwart und Kraft Gottes sich so stark manifestiert, dass die anwesenden Menschen sie auf eine sehr spürbare Weise erfahren. Wenn sich eine Erweckung ereignet, hat sie stets eine signifikante Auswirkung auf unsere christliche Erfahrung. Wir sprechen von einer wahren Erweckung, wenn Gottes Gegenwart anhand extremer Kraft erfahrbar wird. Es handelt sich dabei um eine überwältigende Freisetzung Seiner Gegenwart an einem bestimmten Ort.

Und so ereigneten sich während dieser Zeit der Erweckung außergewöhnliche Dinge in jener Gemeinde. Da war zum Beispiel eine junge Frau die Klavier spielen lernen wollte, damit sie die Anbetungszeit begleiten konnte, jedoch niemals zuvor in ihrem ganzen Leben eine einzige Stunde Musikunterricht genommen hatte. Aus diesem Grund, setzte sie sich eines Tages an das Klavier, einer der Diakone betete für sie und sie war augenblicklich in der

Lage das Klavier in jeder beliebigen Tonart zu spielen. Interessanterweise war es ihr nicht möglich, das Klavier außerhalb der Lobpreiszeit zu spielen, weshalb sie sechzehn Jahre später Musikstunden nahm, um überhaupt zu verstehen, was sie über all die Jahre hinweg getan hatte.

Manchmal sahen die Leute sogar, wie Jesus durch die Gemeinde ging, wie Er den Menschen die Hände auflegte während Er durch die Reihen ging oder sie einfach nur berührte. Einer der Ältesten begrüßte für gewöhnlich die Besucher und lud dann den Heiligen Geist ein und wir ließen uns einfach auf das ein, was dann geschah. Über fünf Jahre lang gab es in unseren Versammlungen weder den Bedarf für einen Pastor oder einen anderen Leiter, weil der Heilige Geist so kraftvoll gegenwärtig war. Es war eine außergewöhnliche Zeit, in der ein beständiger Hunger nach Erweckung in mein Herz hineingelegt wurde, so dass ich seit diesem Zeitpunkt in der Erwartung und Hoffnung lebe, dass dasselbe vielleicht auch heute wieder geschehen könnte. Dies ist jedoch alles Sein Werk und wir können es nicht selbst produzieren.

Wenn ich so zurück schaue, dann erkenne ich noch etwas anderes; als der Geist Gottes sich so kraftvoll manifestierte, erlag ich der irreführenden Annahme, dass Er unsere Gemeinde nur deshalb mit Seiner Gegenwart ehrte, weil die Lehre vollkommen akkurat war. Durch die Geschichte hindurch bis zum heutigen Tag, erliegen viele Menschen auf der ganzen Welt derselben irreführenden Annahme. Wir nehmen an, dass Er kommen und uns mit Seiner manifesten Gegenwart ehren wird, wenn wir die Schrift exakt interpretieren und anwenden. Dies stimmt einfach nicht! Im Grunde genommen ist genau diese Annahme die Basis für so viel Zwietracht unter Christen heutzutage. In Wirklichkeit kommt Er jedoch nicht weil unsere Lehre richtig ist, sondern er kommt, um unsere Lehre zu *korrigieren*. Denn das Wort kann in Wahrheit nur in Seiner Gegenwart verstanden werden. Die Bibel wurde in Erweckung geschrieben und jeder einzelne ihrer Autoren lebte in einer persönlichen und totalen Erweckung. Deshalb handelt sie von Erweckung und kann nur im Kontext von Erweckung verstanden werden.

Wir erlebten also, Sonntag für Sonntag, Jahr um Jahr, eine gewaltige Erfahrung Seiner Gegenwart und Menschen aus der ganzen Welt kamen zu uns, um an den Gottesdiensten teilzunehmen. Nach nicht allzu langer Zeit entschieden sich die Ältesten der Gemeinde deshalb dazu, Konferenzen abzuhalten. Der einzige Ort in der Stadt, der groß genug dafür war, war die lokale Pferderennbahn, die über eine große Tribüne verfügte und so kamen viele Menschen zu uns um einige der besten Sprecher der Welt zu hören. Es war ein riesiger Segen für uns, dem Dienst einiger dieser internationalen Sprecher und der Salbung in diesen Treffen ausgesetzt zu sein. Unter der Annahme jedoch, dass Gott Seine Segnungen aufgrund der richtigen Lehre ausgoss, nahm ich absolut alles auf, was damals gepredigt und gelehrt wurde. Es kam mir niemals in den Sinn, dass irgendetwas nicht der absoluten Wahrheit entsprechen könnte.

Ich erinnere mich an einen bestimmten Sprecher auf einer der Konferenzen, dessen Botschaft eine große Auswirkung auf mich hatte und die ich, ohne sie zu hinterfragen, einfach annahm. Er predigte über die Stelle, wo Jesus Petrus, Jakobus und Johannes auf den Berg der Verklärung mitnimmt. Dann sprach er darüber, wie Jesus verklärt wurde und wie Seine Gestalt und Kleidung in der Herrlichkeit des Herrn verwandelt wurden und wie sie Ihn in diesem Moment (bis zu einem gewissen Grad) genauso sahen wie Er in der Ewigkeit existierte. In genau demselben Moment sahen sie dann auch wie Moses und Elia neben Ihm erschienen und sie hörten wie der Vater aus der Wolke sprach: *„Dies ist* mein *geliebter* Sohn; *hört auf Ihn!"* Daraufhin stürzten die drei Jünger bewusstlos zu Boden. Nachdem aber einige Zeit vergangen war, blickten sie auf und *„sahen nur noch Jesus allein."* Moses und Elia waren verschwunden und Jesus war wieder sein normales Selbst.

JESUS ALLEIN

Die zentrale Botschaft dieses Sprechers könnte in zwei Worten zusammengefasst werden: „Jesus allein." Denn er predigte anschließend: „Wir müssen auf Jesus und Jesus allein schauen. Er ist der Anfänger und Vollender des Glaubens, das Alpha und das Omega, der Anfang und das Ende. Sein Name ist der einzige Name unter dem Himmel, durch den wir gerettet werden können. Er ist das Haupt Seines Leibes, der Gemeinde, Er ist der Bräutigam. Er ist alles und Sein Name ist der höchste Name." Die Botschaft war Jesus und Jesus allein!

Während er predigte, sagte alles in mir sofort: „Amen!" Denn Jesus hatte mich gerettet und die Erfahrung meiner Errettung war solch ein machtvolles Erlebnis für mich gewesen, dass Jesus mein Ein und Alles geworden war. Jedes Mal wenn ich betete, benutzte ich die Worte: „Jesus, mein Herr." Alles drehte sich für mich allein um Jesus. Anbetung galt allein Jesus und auch die Lieder, die wir sangen, handelten alle allein von Jesus.

Zugegeben, manchmal beinhalteten sie einen Vers über den Heiligen Geist oder den Vater, ansonsten waren sie jedoch alle auf die Person Jesu ausgerichtet und ich war davon überzeugt, dass dies die alleinige Ausrichtung des christlichen Glaubens sei.

„HAST DU DIE LIEBE DES VATERS EMPFANGEN?"

Ein paar Jahre später besuchten wir die Bibelschule und ein Mann namens Jack Winter kam nach Neuseeland, um auf einer Konferenz, welche die Schule organisiert hatte, zu sprechen. Dort fing Jack an über den Vater zu predigen und empfing während jener Zeit eine noch größere Offenbarung des Vaters. Wir hatten noch nie jemanden mit solch einer Salbung Gottes auf seinem Leben getroffen, wie Jack sie hatte. Zwar waren wir zuvor einer Menge wundervoller Dienste ausgesetzt gewesen, aber, wenn Jack Winter sprach, war es – zumindest für mich – als ob man Jesus direkt zuhörte. Seine Predigten überstiegen alles, was ich bis zum damaligen Zeitpunkt gehört hatte.

Jack machte öfters eine wundervolle Aussage: *„Viele Menschen predigen das Evangelium, aber wir geben ihnen die Gelegenheit es zu leben."* Das war eine gewaltige Herausforderung. Denn um Jacks Dienst beizutreten, musste man alles verkaufen, was man besaß und es den Armen geben oder zu den Füßen der Apostel legen, um zusammen mit der Gemeinschaft von Christen, die sich „Daystar Ministries" nannten, die Nachfolge anzutreten. Es war der reinste Glaubensdienst, den ich je gesehen hatte. Es gab Zeiten in denen die zweihundert Leute auf dem Gelände kein Essen für ihre nächste Mahlzeit hatten, also beteten wir. Nun, es ist eine Sache für etwas in der Fürbitte einzutreten, wenn jedoch innerhalb von zwei Stunden etwas zum Essen auf dem Tisch stehen soll, dann bringt dich dies auf eine ganz neue Ebene des Gebets und des Bewusstseins, was durch Gebet bewirkt werden kann.

Die Offenbarung des Vaters, die begonnen hatte Jack auf der Konferenz in Neuseeland zu ergreifen, war nun in ihrer Blüte und ihm wurde bewusst, dass Menschen durch die Erfahrung der

Liebe des Vaters emotionale Heilung erfahren konnten. Es war eine aufregende Zeit und es waren ungefähr vierhundert Familien, die in diesem Jahr anfragten ein Teil seines Dienstes zu werden. Es gab zwölf verschiedene Basiszentren, verstreut über die gesamten Vereinigten Staaten von Amerika, mit einer Belegschaft von sechshundert vollzeitlichen Mitarbeitern. Und doch war Jacks Schreibtisch stets nur ein kleiner Tisch neben seinem Bett. Er war nie an irgendwelchen grandiosen Dingen interessiert.

Als wir dort ankamen, waren alle in großer Aufregung und voller Begeisterung über diese Offenbarung der Liebe des Vaters und begannen mich ständig zu fragen, „Hast du die Liebe des Vaters empfangen?" Ich fühlte mich allerdings persönlich sehr angegriffen durch diese Frage! Denn immerhin war ich achtundzwanzig Jahre alt und dachte, dass wir den Rest unseres Lebens in Jacks Dienst verbringen würden. Ich kam geradewegs aus dem Buschland Neuseelands, welchen die meisten Leute als einen Dschungel beschreiben würden. Über tausend Meter entlang des Berghanges verwandelt sich das Buschland zu einer Graslandschaft, welche einem Ozean aus goldenem Gras gleicht. Diese Hügel sind wunderschöne Orte, an denen man sein gesamtes Leben verbringen kann und so führte ich als ein fitter und starker, junger Mann ein Leben, das sich hauptsächlich draußen abspielte. Ich war es gewohnt in den Bergen zu leben, im Freien zu schlafen, Holz für das Kochen meiner Mahlzeiten selbst zu hacken und ich hatte mich an diese Art von Leben gewöhnt. Und nun fragten mich diese Leute: „Hast du die Liebe des Vaters empfangen?"

Meine innere Reaktion darauf war stets ein verärgertes: „Schau, ich bin mit dem Heiligen Geist erfüllt. Ich habe bereits eine Gemeinde gegründet und war auf der Bibelschule. Ich kann prophezeien, Dämonen austreiben, die Kranken heilen und das

Evangelium auf der Straße verkündigen. Ich bin ein Dämonen-Zerstörer. Ich bin ein Mann Gottes! Gott hat mich zum Propheten berufen, dazu ein scharfes, dreschendes Instrument zu sein, das Seele und Geist trennt! Meine Worte werden die Menschen auf die Knie bringen! Meine Verkündigung wird die Sünder von den Gerechten trennen und das Leben vieler Menschen anrühren! Ich bin zum Propheten berufen, mich interessiert dieses ‚Liebe-Zeugs‘ nicht. Was meinst du also mit der Frage: ‚*Bist du mit der Liebe des Vaters erfüllt?*‘"

ERSTE EINSICHTEN

Als wir einige Monate dort waren, kam mir plötzlich folgende Erinnerung in den Sinn: Ich erinnerte mich daran, dass als ich vier Jahre alt war, meine Mutter (die damals wohl irgendeine Berührung vom Herrn empfangen haben muss), meinen Bruder, meine Schwester und mich über eine kurze Zeitspanne hinweg abends in ihr Schlafzimmer nahm, wo wir vor einer kleinen Truhe mit einem Kreuz und einer Kerze niederknieten. Dort zündete sie dann stets die Kerze an und lehrte uns das Vaterunser. Meine Familie konnte sich in späteren Jahren nicht mehr an diese Begebenheit erinnern, aber ich erinnerte mich sehr gut daran, denn von diesem Zeitpunkt an betete ich das Vaterunser jedes Mal, wenn ich zu Bett ging. Ich schloss meine Augen und betete das Gebet in meinen Gedanken. Zum Schluss fügte ich dann immer noch hinzu: „Gott segne Mama und Papa, meinen Bruder Bob und meine Schwester Sylvia. Und Herr, wenn ich groß bin, lass mich gesund sein und eine glückliche Familie und gute Arbeit haben." Das habe ich von da ab jede Nacht gebetet. In manchen Nächten vergaß ich es auch und betete das Gebet dann in der nächsten Nacht zweimal! Auf diese Art verpasste ich nie eine einzige Nacht.

In den ersten Monaten bei „Daystar", erinnerte mich der Herr daran, wie Jesus Seinen Jüngern beigebracht hatte zu beten, indem Er sie lehrte, Gott als *„Unser* Vater" anzusprechen. Auf einmal wurde mir bewusst, dass ich genau das seit meinen vierten bis zu meinem vierzehnten oder fünfzehnten Lebensjahr getan hatte! Jesus lehrte Seine Jünger zu Seinem *Vater* zu beten. Auf einmal erkannte ich, dass Jesus von Anfang an Seine Jünger in eine direkte Beziehung mit Seinem Vater und nicht nur mit *Ihm* selbst führte. Dies war der erste Riss, wenn man das so sagen darf, in dem Fundament der „Jesus allein" Botschaft, mit der ich aufgewachsen war und ich begann zu verstehen, dass der christliche Glaube sich eben nicht nur allein um Jesus dreht.

Als die Leute mich dann aber danach fragten, ob ich die Liebe des Vaters empfangen hatte, tat sich für mich die folgende Frage auf: „Warum sprichst du zu mir über den Vater? Es dreht sich doch alles um Jesus! Sein Name ist der einzige Name, durch den wir gerettet werden. Er ist doch der Herr über alle Dinge, Er ist der König der Könige und es geht allein um Ihn. Er ist der, der uns gerettet hat, der, welcher für uns am Kreuz gestorben ist." Ich verstand damals einfach noch nicht, dass auch der Vater auf eine sehr reale Art und Weise für uns am Kreuz gestorben war und so wiederholte ich deshalb einfach immer wieder nur die Worte: „Es dreht sich alles allein um Jesus!"

Ich hegte die falsche Vorstellung, dass ich Jesus untreu werden würde, sobald ich mich auf eine Beziehung mit dem Vater einließ. Deshalb dachte ich: „Nach allem, was Jesus für mich getan hat, wie kann ich Ihm nun meinen Rücken zuwenden und eine Beziehung mit dem Vater eingehen?" Das war mein wahres Problem. Natürlich geht es in Wirklichkeit gar nicht darum, Jesus zurückzulassen, doch so fühlte es sich für mich an. Die Erinnerung daran, wie ich immer das „Vaterunser" gebetet hatte, war der erste Riss in meiner Verteidigungsmauer. Denn Jesus lehrte Seine Jünger mit ihrem Vater zu sprechen, als Er zu ihnen sagte:

„Du aber geh in deine Kammer wenn du betest, und schließ die Tür zu; dann bete zu deinem Vater" (Matthäus 6,6).

Auf einmal kam mir der Gedanke: „Oh! Da *ist* etwas dran an der ganzen Vatersache." Es *ist* legitim eine direkte Beziehung mit dem Vater zu haben. Von da an fing ich an, Klarheit über die ganze Sache zu bekommen.

DIE ANBETUNG DES VATERS

Ein paar Monate später bekam mein bisheriges theologisches Fundament einen weiteren Riss: Ich erinnerte mich an eine Zeit auf der Bibelschule, als wir einen Bibelschullehrer aus Amerika hatten, der seine gesamte Familie mit sich gebracht hatte. Er verbrachte elf Jahre an der Schule und lehrte über das Johannesevangelium. Es gab Zeiten, da verließen wir nach seinem Unterricht nicht einfach nur den Klassenraum, sondern schwebten fast hinaus! Die Ehrfurcht und die anbetende Haltung mit der er lehrte, waren einfach ein unglaublicher Segen. Er führte uns ein ganzes Jahr durch das gesamte Buch, Vers für Vers und zum Jahresende entschuldigte er sich dafür, dass wir es nur bis Kapitel 16 geschafft hatten! Es war ein unglaubliches Jahr gewesen, in dem wir das Johannesevangelium eingehend betrachteten.Als wir jedoch in Kapitel 4 ankamen, sagte er: „Wir werden dieses Kapitel ein wenig anders behandeln. Anstatt euch zu lehren, werde ich jedem von euch ein bis zwei Verse zum selber studieren mitgeben und wenn ihr dann das nächste Mal zurückkommt, präsentiert ihr der Klasse was ihr gelernt habt." Als er das sagte, hoffte ich sofort, dass er mir einen ganz bestimmten Vers zuteilen würde, da ich bereits eine Offenbarung in Bezug auf diesen Vers hatte. Denn ich wusste, dass ich viel zu tun hatte und wenn ich diesen Vers zugeteilt bekommen würde, dann könnte ich die Hausaufgaben vermeiden und mir stattdessen ein wenig Freizeit gönnen.

Also teilte er jedem Teilnehmer der Klasse seinen Vers zu und er gab mir genau den Vers, den ich erhofft hatte. Der Vers war Johannes 4,23, doch als ich ihn damals unter die Lupe nahm, dachte ich er sagt folgendes: „Aber die Stunde kommt und sie ist schon da, zu der die wahren Anbeter Gott anbeten werden im Geist und in der Wahrheit; denn so will Gott angebetet werden." Das ist nicht wirklich, was der Vers sagt, aber das ist, wie ich ihn damals verstand. Ich freute mich so, dass ich diesen Vers zugeteilt bekommen hatte, denn ich musste ihn ja nicht mehr ausgiebig studieren. Schließlich kam ich an die Reihe, meine Offenbarung mit der gesamten Klasse zu teilen. Ich war zuversichtlich, dass ich gute Arbeit darin geleistet hatte das Verständnis dieses Verses zu vermitteln und wurde darin nur bestätigt, als einige der Studenten hinterher zu mir kamen und mir deswegen Komplimente aussprachen.

Weil ich eine Offenbarung in Bezug auf Anbetung empfangen hatte, handelte mein Vortrag über die „Anbetung im Geist und in der Wahrheit". Denn wahre Anbetung geschieht dann, wenn dein Geist versucht sich durch deinen Mund in totaler Liebe und Ehrerbietung auszudrücken. Unser Denken spielt dabei keine große Rolle; es handelt sich dabei vielmehr um eine Verbindung im Geist. Weil Anbetung eine natürliche Reaktion auf die Gegenwart Gottes ist, hatte ich gelernt, dass es nicht möglich ist, Anbetung einfach so zu erlernen. *Das* ist es, was Anbetung im Geist und in der Wahrheit wirklich bedeutet! Und das war das Thema, welches ich als meine persönliche Offenbarung, aus dem Wort mit meiner Klasse teilte.

Und dann, acht Jahre später, entdeckte ich, was dieser Vers *wirklich* bedeutet. Denn Jesus sagte hier eigentlich:

„Aber die Stunde kommt und sie ist schon da, zu der die wahren Beter <u>den Vater</u> anbeten werden im Geist und in der Wahrheit; denn so will <u>der Vater</u> angebetet werden."

Bis zu jenem Zeitpunkt lag mein ganzer Schwerpunkt auf der Anbetung der Person Jesu und Jesus allein. All die Lieder die wir damals sangen und selbst heute noch singen, waren an „Jesus allein" gerichtet. Wir tragen die bekannten WWJD (Was würde Jesus tun?) Armbänder um unser Handgelenk und singen: „Es geht nur um dich Jesus." Aber ich denke, dass Jesus irgendwie nicht mit diesen Aussagen übereinstimmen würde. Ich glaube Jesus würde stattdessen sagen: *„Eigentlich* dreht sich alles um meinen Vater."

Natürlich ist es nicht verkehrt, Jesus anzubeten. Einige der groß-artigsten Verse der Schrift beziehen sich, was die Anbetung betrifft, auf die Person Jesu – vor allem im Buch der Offenbarung, wo die Ältesten ihre Kronen vor Ihm ablegen und Ihn als das Lamm Gottes in Ehrerbietung erheben. Der Punkt, den ich hier jedoch machen möchte, ist, dass Jesus *selbst* sagte: „Die wahren Anbeter werden den *Vater* im Geist und in der Wahrheit anbeten." Als ich dies damals las, konnte ich mir nicht vorstellen, dass ich jemals sagen würde, „Ich bete dich an, Vater" oder, „Ich liebe dich, Vater". Es schockierte mich, dass diese Worte kein Teil meines Verständ-nisses waren, während ich jedoch sehr klar erkennen konnte, wie Jesus eben genau in diesen Bahnen dachte. Da begann ich zu verstehen, dass es in der Tat einen Platz in unserem Leben für den Vater gibt! Ich entfernte mich damit immer weiter von meiner „Jesus und Jesus allein"-Haltung.

Während diese Offenbarung in unserer Zeit langsam wieder in die Gemeinde zurück kommt und wir damit beginnen den Vater wiederzuentdecken, gibt es auch Menschen, die sich aus demselben Grund wie ich schwer damit tun und dann oft kritisch anmerken: „Ihr Leute scheint einfach nur zum Vater zu gehen und Jesus außen vor zu lassen." Deshalb möchte ich dies ein für alle Mal klarstellen; wir lassen Jesus auf keinen Fall aus. Der einzige *Weg* zum Vater ist durch Jesus und wir können auch nur in Ihm wirklich eine Beziehung mit dem Vater eingehen.

WIR SIND IN CHRISTUS

Manche Christen behaupten, dass Irrlehren oft zuerst gesungen werden bevor sie gepredigt werden. Aus diesem Grund wünsche ich mir wirklich, dass die Leute, welche christliche Lieder schreiben sich öfter von jemandem mit biblischem Verständnis beraten lassen würden. Unsere Lieder reflektieren oft überhaupt nicht, was die Bibel lehrt und doch singen wir öfter Lobpreislieder, als dass wir die Bibel lesen. Zum Beispiel gibt es da die alte Hymne, die besagt: „... wandeln mit Jesus, dem Licht der Welt." Auch viele andere Lieder beschreiben wie wir „mit Jesus wandeln". Dies ist jedoch in Wahrheit keine Aussage, welche wir in der Bibel vorfinden.

Wir wandeln nicht mit Jesus. Stattdessen sind wir *in* Christus und Er ist *in* uns. Unser Leben ist in Seinem Leben verborgen. Wir sind in Ihn hinein getauft und es ist so, dass „... *nicht mehr ich lebe, sondern Christus lebt in mir. Soweit ich aber jetzt noch in dieser Welt lebe, lebe ich im Glauben an den Sohn Gottes, der mich geliebt und sich für mich hingegeben hat*" (Galater 2,20). Er wurde mein Leben und lebt *in* mir und ich bin *in* Ihm. Ich bin in Ihn *hinein* getauft. Es geht nicht so sehr darum, dass wir Seite an Seite miteinander gehen, sondern darum, dass Er *in* mir ist und ich *in* Ihm bin. Die Wahrheit ist, wir wandeln mit dem *Vater* in Christus. In Wirklichkeit ist es eigentlich nicht *meine* Beziehung mit dem Vater. Vielmehr bin ich eingetreten in die Beziehung, die Jesus mit dem Vater hat.

JESUS IST DER WEG ZUM VATER

Durch diesen gesamten Prozess hindurch fing ich an zu erkennen, dass aufgrund dessen wer Jesus ist und aufgrund dessen wer ich *in* Ihm bin, es tatsächlich biblisch ist, eine persönliche Beziehung mit dem Vater zu haben.

Und dann stieß ich auf ein paar Verse im 14. Kapitel des Johannesevangeliums, welche wir uns etwas genauer ansehen sollten, denn ich glaube, dass diese Worte oft missverstanden werden. Übrigens, ich liebe diese Verse, die uns von den letzten Tagen vor Jesu Kreuzigung berichten. Denn Jack Winter bemerkte in diesem Zusammenhang einmal, dass die letzten Äußerungen einer Person, kurz vor ihrem Tod, besondere Aufmerksamkeit verdienen.

Jesus begann hier also mit den Worten:

„Euer Herz lasse sich nicht verwirren. Glaubt an Gott und glaubt an mich! Im Haus meines Vaters gibt es viele Wohnungen. Wenn es nicht so wäre, hätte ich euch dann gesagt: Ich gehe, um einen Platz für euch vorzubereiten? Wenn ich gegangen bin und einen Platz für euch vorbereitet habe, komme ich wieder um euch zu mir zu holen, damit auch ihr dort seid, wo ich bin" (Verse 1-3).

Jesus hatte klar angekündigt, dass Er seine Jünger verlassen würde und doch erhofften diese noch immer die Ankunft eines irdischen Königreichs. Es war also ein ziemlicher Schock für sie, als Jesus auf einmal zu ihnen sagte: „Ich gehe weg. Ich lasse euch hier zurück." Ich kann mir vorstellen, wie sie sich anschauten und sich gegenseitig fragten: „Hast *du das* gewusst? Ich bin nur mit Ihm mitgegangen und Ihm gefolgt, weil ich dachte Er wird die Römer rauswerfen. Immerhin haben wir alle unser Leben aufgegeben und unsere Fischernetze verlassen. Wir waren auf dem Weg eine Herrschaft wie die Makkabäer aufzurichten und eine Armee von neuen Soldaten zu werden, die Israel von der Unterdrückung befreien würden. Von was spricht Er *jetzt?*"

Aber Jesus sagte im Prinzip: „Nein, ich gehe weg und bereite einen Platz für euch vor. Aber ihr könnt noch nicht mit mir kommen." Dann fügte Er hinzu:

„Und wohin ich gehe – den Weg dorthin kennt ihr"
(Johannes 14,4).

Ich erinnere mich daran, dass wir in der Schule einmal dreißig Schüler in einem Klassenzimmer waren. Manchmal sprach der Lehrer über etwas, das keiner von uns verstand, aber niemand wagte zu fragen, weil niemand die Frage stellen wollte, die ihn oder sie dumm aussehen lassen würde. Also kann ich mir vorstellen, dass die Jünger eine ähnliche Reaktion an den Tag legten, als Jesus zu ihnen sagte: „Ihr wisst wohin ich gehe und ihr kennt den Weg dorthin." Ich kann mir vorstellen, wie sich diese Jungs gegenseitig anschauten und dachten: „Weißt du etwas darüber? Hat Er mit dir darüber gesprochen? Mir hat Er darüber nichts gesagt. War ich an dem Tag nicht da? Wovon spricht Er?"

Ich bin mir ziemlich sicher, dass jeder von ihnen sich schämte zugeben zu müssen, dass sie eigentlich keine Ahnung hatten, um was es ging. Dann macht Thomas diese wunderbare, reine und unschuldige Aussage: „Herr, wir wissen nicht wohin du gehst, wie sollen wir dann den Weg kennen?" Ich bin so froh, dass Thomas den Mut aufbrachte, diese Frage zu stellen. Denn wenn er dies nicht getan hätte, wüssten wir auch nichts über die Antwort im nächsten Vers, welcher einer der wichtigsten Verse des Neuen Testaments darstellt.

Jesus sagte zu ihm: „Ich bin der Weg und die Wahrheit und das Leben; niemand kommt zum Vater außer durch mich"
(Johannes 14,6).

Jesus beschrieb Seinen Jüngern hier ihren Weg und ihr Ziel! Als Er sagte, dass Er fortgehen würde, um einen Platz für sie vorzubereiten, meinte Er damit in Wirklichkeit, dass Er für sie einen Platz im Herzen des Vaters vorbereiten würde. Man bemerke, dass Er *nicht* zu ihnen sagte, „… ihr werdet sein wo ich *sein werde*." Stattdessen benutzte Er die Worte: „Ihr werdet sein wo *ich bin*." Jesus lebte schon immer, ewiglich im Herzen des Vaters und als Er auf die Erde kam, verließ Er diesen Platz nicht einfach.

Johannes 1,18 sagt:

„Niemand hat Gott je gesehen. Der Einzige, der Gott ist und am Herzen des Vaters ruht, Er hat Kunde gebracht."

Es wird eine Zeit kommen, wenn die Welt nur noch denjenigen zuhören wird, die im Schoß des Vaters, in Seiner Liebe, wohnen. Denn nur von diesem Ort aus können wir Gott verkünden und Ihn wirklich der Welt offenbaren. Darum wird die Realität der Sohnschaft jede andere Perspektive des christlichen Glaubens überwältigen. Dies *muss* geschehen, weil nur dann die Gemeinde eine vollkommene Repräsentation des Sohnes Gottes sein kann.

DER VATER IST DAS ZIEL

Jesus sagte: *„Ich bin der Weg und die Wahrheit und das Leben; niemand kommt zum Vater außer durch mich."* Jesus ist also der Weg zum Ziel. Das *Ziel* aber ist der Vater. Dann fügte Er hinzu:

„Wenn ihr mich erkannt habt, werdet ihr auch meinen Vater erkennen. Schon jetzt kennt ihr Ihn und habt Ihn gesehen."

Viele Leute haben diese Worte gelesen und sie so interpretiert, dass wenn man Jesus erkannt hat und eine echte Beziehung mit Ihm eingegangen ist, man dann automatisch auch eine Beziehung mit dem Vater eingegangen ist. Sie glauben, dass es keine getrennte Erfahrung der Person des Vaters, die über ihre Begegnung mit Jesus hinausgeht, gibt. Ich bin fast versucht diesen Vers auf dieselbe Weise zu interpretieren, wäre da nicht Philippus' Frage in Vers 8:

Philippus sagte zu Ihm: „Herr, zeig uns den Vater, das genügt uns."

Was Philippus im Prinzip sagte war: „Jesus, ich habe dich jetzt drei Jahre lang beobachtet. Ich kann dich sehen, aber ich kann nicht den Vater sehen! Wir können alle sehen, dass du eine Beziehung mit Ihm hast, aber wir können eigentlich nur dich sehen. Zeige uns also den *Vater*!"

Daraufhin antwortete Jesus:

„So lange bin ich schon bei euch und du hast mich nicht erkannt, Philippus? Wer mich gesehen hat, hat den Vater gesehen. Wie kannst du sagen: Zeig uns den Vater? Glaubst du nicht, dass ich im Vater bin, und dass der Vater in mir ist? Die Worte, die ich euch sage, habe ich nicht aus mir selbst. Der Vater, der in mir bleibt, vollbringt Seine

Werke. Glaubt mir doch, dass ich im Vater bin und dass der Vater in mir ist; wenn nicht, glaubt wenigstens aufgrund der Werke!"

Jesus erklärte Philippus, dass die Wunder die Er vollbrachte, in Wahrheit Zeichen der Gegenwart des Vaters waren. Darum sagt Er in Vers 7: „Wenn ihr mich erkannt habt, werdet ihr auch meinen Vater erkennen." In anderen Worten: „Du kannst mich kennen oder du kannst mich *wirklich* kennen. Denn wenn du mich *wirklich* kennen würdest, dann würdest du auch meinen Vater kennen."

Die Wahrheit ist, lieber Leser, du kannst eine Beziehung mit Jesus haben – und doch den Vater überhaupt nicht „sehen".

Nur Jesus kann den Vater offenbaren

Lass es mich anders ausdrücken, Jesus sagte etwas Ähnliches in Matthäus 11,27:

„Mir ist von meinem Vater alles übergeben worden; niemand kennt den Sohn, nur der Vater, und niemand kennt den Vater, nur der Sohn und der, dem der Sohn es offenbaren will."

Diese Aussage berührte mich als junger Mensch zutiefst, da ich stets angenommen hatte, dass man nur dann einsam ist, wenn man niemanden kennt. Dann fand ich jedoch heraus, dass man nur dann einsam ist, wenn niemand *dich* kennt. Wenn es dir so vorkommt, als ob niemand wirklich weiß, was es bedeutet du zu sein, dann weißt du was Einsamkeit bedeutet und du wirst erst dann frei davon werden, sobald du dein Leben mit jemand anderem teilen kannst.

Wenn Jesus in diesem Vers also sagt, dass niemand den Sohn

kennt, außer der Vater, dann sagt Er im Prinzip, dass Gott der Einzige ist, der Ihn wirklich kennt. Jesus ertrug diese Einsamkeit Sein ganzes Leben lang. Nicht einmal Seine Mutter verstand Ihn. Zwar bewegte sie „diese Dinge in ihrem Herzen", aber sie verstand Ihn nicht wirklich. Darum konnte Er sagen: „Nur der Vater kennt mich *wirklich*." Dann drehte Er diese Aussage jedoch um und sagte: „Niemand kennt den Vater, nur der Sohn."

Dies war auch einer der Gründe, warum die jüdischen Leiter so zornig auf Ihn wurden und Ihn kreuzigen ließen. Weil dieser Jesus von Nazareth behauptete, Jahwe besser zu kennen, als *sie* selbst, die religiöse Elite! Diese Leiter hatten ihr gesamtes Leben, von Kindheit an, im Tempel verbracht und hatten alles über Gott gelernt, was es zu lernen gab! Sie lebten beständig in dieser Umgebung, erlernten ganze Teile der Schrift auswendig und schränkten ihr Verhalten so ein, dass sie möglichst nie einen Fehler begehen würden. Das alles nur, um Gott besser zu kennen und von Ihm in ihrem Verhalten bestätigt zu werden.

Nun tauchte dieser Sohn eines Zimmermanns auf, der wahrscheinlich den Ruf hatte, außerehelich gezeugt worden zu sein, der es wagte ihnen zu sagen: „Trotz all eurem Bibelstudium, kennt ihr Jahwe eigentlich nicht. *Nur ich kenne Ihn*." Offensichtlich dachten sie, Jesus wäre verrückt, arrogant oder der ultimative Ketzer. Indem Er behauptete, dass Er der Einzige war, der die ganze Sache richtig sah, der Einzige war, der Gott kannte, entblößte Er das gesamte religiöse System der Juden.

Aber Er hatte recht. Vielleicht wussten sie etwas über Gott, doch Er *kannte* Gott selbst. Denn wir müssen verstehen, dass aufgrund dessen, dass Jesus nicht als ein Sohn Adams geboren wurde, Ihn die Sünde nicht von Gott entfremden konnte. Jesaja 59,2 erklärt uns, dass die Sünde uns von Gott entfremdet, Jesus aber war frei von jeglicher Sünde geboren worden! Er war kein Sohn Adams, im Sinne wie andere Menschen es waren, sondern das direkte Ergebnis von Gottes Wirken im Mutterleib Marias.

Deshalb war für Ihn der Kontakt mit Gott Sein ganzes Leben hindurch automatisch verfügbar. Wann immer Er betete, offenbarte sich Sein Vater zu Ihm – *Geist zu Geist*. Natürlich musste Er die ganze Sache, wie wir, noch immer im Glauben umsetzen, aber Er tat dies aus Seiner vertrauten und engen Beziehung mit dem Vater heraus. Er war auf natürliche Weise vom Geist gezeugt worden, so dass Er vom Tag Seiner Zeugung an mit dem Heiligen Geist erfüllt war.

Als Er also sagte, dass niemand, außer Ihm, den Vater kennt, sagte Er eigentlich: „Die ganze jüdische Rasse und diejenigen, die alles über Ihn gelernt haben, was es verstandesmäßig zu lernen gibt, kennen Ihn nicht wirklich – aber Ich kenne Ihn!" Und Er bewies die Wahrheit dieser Aussage durch die Werke die Er tat und die Worte, die Er sprach. Die Werke, die Er vollbrachte waren ein Zeichen der Gegenwart des Vaters und nicht nur lediglich die Ausübung Seiner eigenen Kraft und Autorität. Deshalb wiesen Seine Wunder auf die Realität der Liebe hin, welche der Vater für uns alle empfindet.

Gerade als sich die religiösen Leiter von Seiner dreisten Behauptung, der einzige zu sein, der Gott wirklich kennt, erholten, fügte Er hinzu: *„Niemand kennt den Vater außer der Sohn, und derjenige dem der Sohn Ihn offenbaren möchte"*. Damit wollte Er ausdrücken: „Ich kenne den Vater durch eine persönliche Beziehung mit Ihm und niemand kennt Ihn so, wie ich Ihn kenne, *aber* ich kann Ihn Euch offenbaren. Ich kann den Vater denen offenbaren, denen ich Ihn offenbaren möchte." Der Vater muss uns also von Jesus offenbart werden!

Es ist eine Offenbarung

Es gibt also wirklich eine *Offenbarung* des Vaters. Man lernt den Vater nicht einfach so kennen, weil man das halt mal so möchte. Genauso wenig lernt man den Vater kennen, weil man ein gewisses Prinzip der Schrift anwendet oder einfach im Glauben annimmt, was die Schrift diesbezüglich sagt. Nein, der Vater muss uns offenbart werden, genauso wie uns Jesus offenbart wurde, als wir die Wiedergeburt erfuhren.

Wir wurden nicht aus unserer eigenen Kraft heraus wiedergeboren. Denn es gibt nichts, das wir hätten tun können, um uns selbst zu retten. Stattdessen haben wir alle einfach auf Gottes Initiative hin reagiert, als wir in die Erfahrung der Wiedergeburt hineinkamen.

Umkehr und Glaube an sich bewirken diese Erfahrung nicht. Doch wenn Gott sieht, wie wir unsere Herzen öffnen, dann bewirkt Er eine innere Wiedergeburt unseres Geistes. Dies geschieht nicht deshalb, weil wir anfangen zu glauben und versuchen umzusetzen, was die Bibel sagt. Nein, wir werden auf übernatürliche Art und Weise eine neue Schöpfung. Etwas vollkommen Neues kommt in uns zum Leben und wir sind nicht mehr dieselben. Es handelt sich dabei allein um Gottes Werk in unseren Herzen. Durch unsere Errettung offenbart uns der Vater Jesus.

Es verhält sich ähnlich mit der Erfahrung der Taufe im Heiligen Geist, in welcher der Geist Gottes unserem eigenen Geist offenbart wird. Die Realität des Heiligen Geistes, die Substanz Seines Wesens, manifestiert sich dann in der Tiefe der Person, welche wir in unserem

Geist wirklich sind und wir erkennen auf einmal die Realität von Gottes Geist. Zwar nennen wir dies die „Taufe im Heiligen Geist" oder die „Erfüllung mit dem Heiligen Geist", aber in Wirklichkeit geht es darum, dass unser Geist eine Offenbarung der Gegenwart Gottes in uns empfängt. Wenn dies geschieht, wird uns die Erkenntnis vieler weiterer Wahrheiten ganz automatisch mit offenbart.

Wenn wir Jesus zum ersten Mal als unserem Retter begegnen, dann gibt es da Wahrheiten, die uns ganz übernatürlich vermittelt werden und wir hegen dann überhaupt keinen Zweifel mehr an ihrer Wahrhaftigkeit. Zum Beispiel *wissen* wir dann einfach, dass Jesus von einer Jungfrau geboren wurde. Wie können wir das wissen? Ganz einfach, durch eine *Offenbarung* des Herrn, einfach aufgrund dessen, wer Jesus ist. Wir werden auch wissen, dass Er nicht einfach nur *ein* Sohn Gottes ist. Stattdessen ist Er *der* Sohn Gottes und wir wissen dann, über jeden Zweifel hinaus, dass es keine weiteren Söhne Gottes, getrennt von Jesus, gibt. Denn unser innerstes geistliches Wesen ist Seiner Person begegnet und wir wissen einfach, dass dies eine unleugbare Realität darstellt. Deshalb sind viele Märtyrer auch einen furchtbaren Tod gestorben, weil sie die Offenbarung und Realität Jesu einfach nicht verleugnen konnten.

Die Taufe im Heiligen Geist bringt auch *Offenbarung* darüber, dass der Geist Gottes wunderwirkende Kraft schenkt. So stieß Simson zum Beispiel die Säulen des Tempels um und Elia rannte schneller als Pferde und Streitwagen, um die Stadt rechtzeitig zu erreichen. Denn wenn der Geist Gottes eine Person überwältigt, dann wird dieser Mensch auch bevollmächtigt. Denn es ist der Geist Gottes, der die Kraft Gottes mit sich bringt. So war zum Beispiel die gesamte Dreieinigkeit persönlich an der Schöpfung der Welt beteiligt. Der Vater initiierte – Er sprach das Wort, welches Jesus ist – und die Kraft des Heiligen Geistes wirkte dann schöpferisch. Sie wirkten alle zusammen in vollkommener Übereinstimmung.

Wenn wir nicht mit dem Heiligen Geist erfüllt sind, werden wir nach alternativen Erklärungen suchen, welche die Realität von Wundern abschwächen. Dies ist jedoch nicht mehr der Fall, sobald wir die Erfüllung mit dem Geist erfahren haben. Denn wir kennen dann einfach die Wahrheit, weil wir den Einen berührt haben, der die ganze Kraft Gottes besitzt.

DIE OFFENBARUNG DES VATERS

Den Vater zu kennen ist keine Frage der Aneignung einer Theologie aus dem Buch Gottes, sondern hat viel mehr damit zu tun, dass der Vater in unserem Geist real wird und Seine Liebe sich beginnt in uns und durch uns zu offenbaren. Als Jesus darüber sprach, dass niemand den Vater kennt, außer Ihm selbst und derjenige, dem Er Ihn offenbart, sprach Er über eine *Offenbarung* des Vaters in unseren Herzen.

Wenn wir diese Offenbarung empfangen, öffnet sich uns ein bestimmter Bereich unseres Herzens, weil jede *Offenbarung* zuallererst immer in unserem Herzen beginnt. Mir gefällt das, weil es bedeutet, dass sie nicht nur für die Intellektuellen und für diejenigen mit einem starken Willen bestimmt ist – diese Dinge stehen eher im Weg.

Ich glaube, dass Gott dabei ist, eine Offenbarung Seiner selbst, als Vater, auszugießen und dies auf eine Art und Weise, wie wir es seit der Zeit der Apostel nicht mehr erlebt haben. Der Kern des christlichen Glaubens ist es, den Vater durch persönliche Offenbarung zu kennen. Jesus ist der Weg zum Vater und die Offenbarung des Vaters ist das Ziel.

KAPITEL 2

Die Bedeutung des Herzens

~

Ich möchte dich ermutigen, dass du es dem Geist Gottes gestattest, deinen Geist zu nähren, während du dieses Buch liest. Denn es ist mein aufrichtiger Wunsch, dass Gott dadurch dein Herz berührt. Dies ist das Ziel meines Schreibens, denn Gott wirkt, für gewöhnlich, nicht einfach nur in unserem Verstand. Stattdessen begegnet Er uns und *verändert unser Herz*. Denn wenn sich unser Herz verändert, werden wir zu einer anderen Person. Wir werden dann ein neuer Mensch sein und anders handeln, ohne dem irgendetwas hinzufügen zu müssen. Denn wenn sich unser Herz verändert hat, werden wir auch automatisch anders handeln.

Dir ist sicherlich schon aufgefallen, dass die Bibel nicht als Lehrbuch verfasst wurde. Deshalb verfügt sie auch nicht über ein Inhaltsverzeichnis, mit Themen, die in Großbuchstaben angegeben und nacheinander aufgereiht sind. Stattdessen wurde sie von Gott so zusammengestellt, so dass ihre Wahrheiten nur von denen gefunden werden können, die über sehende Augen verfügen. Ich habe mal jemanden sagen hören, dass Gott es liebt gefunden zu werden! Wie ein Vater, der „Verstecken" mit Seinen Kindern spielt, hat Er es vorgesehen, dass Ihn nur diejenigen finden, die hungrig zu Ihm kommen, um Zeit mit Ihm zu verbringen.

Wenn wir die Bibel lesen und Ihn darin mit unserem ganzen Herzen suchen, wird Er uns großartige und wundervolle Dinge zeigen, wie wir sie uns in unseren kühnsten Träumen nicht vorgestellt hätten. Wenn wir zu ihm rufen, dann antwortet Er uns! Seine Wahrheiten sind jedoch für den oberflächlichen Betrachter verborgen. Das ist auch der Grund, warum Er uns Sein Wort nicht in der Form eines Lehrbuchs hinterlassen hat, das der oberflächliche Betrachter einfach so verstehen könnte. Stattdessen begegnen uns Seine Wahrheiten in Form versteckter Worte, die oberflächlich betrachtet, alle gleich erscheinen.

Ich habe eine der zentralen Wahrheiten der Bibel entdeckt und sie versteckt sich in Sprüche 4,23. Dort heißt es: *„Mehr als alles hüte dein Herz; denn von ihm geht das Leben aus."* Eine andere Übersetzung sagt: *„Mehr als alles andere, was man sonst bewahrt, behüte dein Herz. Denn in ihm entspringt die Quelle des Lebens."* Dieser Vers wurde zu einem wesentlichen Schwerpunkt unseres Dienstes und stellt, so glaube ich, eine der bedeutendsten Aussagen der Schrift dar. Die Bibel ist voll mit diesen großen Wahrheiten wie, „Gott ist Liebe" oder „Gott ist Geist". Dies sind die wesentlichen Themen – bedeutende Wahrheiten! Und ich bin überzeugt, dass dieser Vers in Sprüche 4 einer der bedeutendsten Verse in der Schrift ist. Traurigerweise wird er von vielen Christen übersehen.

Wir müssen also verstehen, dass unser Herz den Kern unseres Daseins darstellt und dass alles, was wir in Bezug auf unser Leben wahrnehmen, zuallererst durch unser Herz gefiltert wird. Die Art und Weise, wie wir unser Leben sehen, wird durch den Zustand unseres Herzens bestimmt. Denn die Wahrheit ist, wir haben einen Verstand, wir haben Emotionen, wir haben einen Willen – unser Herz ist jedoch *wer wir sind!*

Ein Beispiel zur Veranschaulichung: Jemand kann zur gleichen Zeit zu zwei verschiedenen Menschen sprechen und doch können beide Zuhörer etwas ganz anderes verstehen. Die betreffende Person kann sogar beiden Leuten gegenüber dieselben Worte benutzen und doch können diese den Zuhörern eine unterschiedliche Bedeutung vermitteln. Warum? Der Grund dafür ist, dass ihre Herzen unterschiedlich geprägt wurden und deshalb dieselben Worte für unterschiedliche Menschen verschiedene Dinge aussagen können. Deshalb können zum Beispiel auch zwei Menschen denselben Blick von einer Person zugeworfen bekommen und ihn völlig unterschiedlich interpretieren.

Man könnte sogar behaupten, dass wir in unterschiedlichen Welten leben, abhängig davon, wie unsere Herzen geprägt wurden. Wenn zum Beispiel ein Junge der mit einem gewalttätigen Vater aufgewachsen ist, das Wort „Vater" hört, wird sich sein Herz automatisch verschließen und Er wird dann einfach nicht mehr zuhören. Wenn jedoch ein Junge, der einen wundervollen Vater hatte, das Wort „Vater" hört, wird es in ihm Gefühle des Trostes und der Sicherheit auslösen. Die beiden Jungen leben also in zwei vollkommen verschiedenen Welten!

Jeder einzelne von uns lebt also in einer unterschiedlichen Welt, weil unsere Herzen von dem verändert und beeinflusst wurden, was wir durchlebt haben. Unser Familienhintergrund, der Teil der Welt in dem wir aufgewachsen sind, kulturelle Überzeugungen, unsere Schulzeit, unser Bildungsstand, unsere athletischen Fähigkeiten und unsere unterschiedlichen Beziehungen, all diese Dinge haben beeinflusst, wie wir das Leben heute wahrnehmen. Vielleicht sind wir nicht einmal in der Lage zu artikulieren was wir denken, aber trotzdem sehen wir das Leben durch die Prägung unseres Herzens.

WIE UNSERE HERZEN VERÄNDERT WERDEN

Als wir Christen wurden, wollten wir zuerst verändert und in das Ebenbild Jesu verwandelt werden. Gottes Methode dahin ist jedoch nicht die Bildung unseres Verstandes anhand von Wissensvermittlung oder uns mit Hilfe menschlicher Willenskraft zu besseren Entscheidungen zu motivieren. Leider wird geistliche Reife oft folgendermaßen dargestellt: „Wenn du Veränderung in deinem Leben möchtest, musst du einfach reif werden und wachsen."

Deshalb drückt sich das vorherrschende Verständnis von Jüngerschaft heutzutage oft folgendermaßen aus: *„Du musst dieses tun und du musst jenes tun."* Oder: *„Du musst diese Verhaltensweisen entwickeln und jenes Benehmen fördern um dich zu verändern."*

Die Wahrheit ist jedoch, dass selbst wenn wir dazu in der Lage sind, uns ein bestimmtes Verhalten anzueignen oder zu unterlassen, verändert das noch lange nicht unser wahres Selbst. Denn es ist eben der Zustand unseres Herzens, der bestimmt, wer wir in unserem tiefsten Inneren sind! Und die Art und Weise wie unser Herz durch unsere Lebenserfahrungen geprägt wurde, bestimmt dann wer wir genau in diesem Moment sind.

Darum heißt es auch in Sprüche 4,23:

„Mehr als alles hüte dein Herz; denn von ihm geht das Leben aus."

Alles was wir sind, hängt vom Zustand unseres Herzens ab. Vielleicht sind wir in der Lage unser Verhalten durch reine Entschlossenheit und Willenskraft zu verändern, aber ich weiß aus Erfahrung, was sich dann weiterhin abspielen wird. Wir fällen vielleicht all die richtigen Entscheidungen und tun alles was wir tun sollten. Vielleicht sind wir in der Lage das richtige Lächeln aufzusetzen und uns wie ein guter Christ zu benehmen. Aber eines Tages wird sich etwas Unvorhergesehenes in unserer Welt ereignen und wir werden zu unserem *wahren* Zustand zurückkehren und Ausdrücke benutzen, von denen wir wissen, dass wir sie nicht benutzen sollten. Oder wir fallen in eine Denk- und Umgangsweise zurück, von der wir wissen, dass sie falsch ist.

Gewöhnlich geschieht dies, wenn wir unter enormem Stress stehen. Dann sagen wir vielleicht zu unserer Verteidigung: „Es tut mir leid, das sieht mir gar nicht ähnlich." Aber die Wahrheit ist … *das sind wirklich wir.* Denn wenn wir unter Druck stehen, wird all das, was wirklich in unserem Herzen ist, sich durch das was wir sagen und die Art wie wir es sagen, ausdrücken. Wenn alles so läuft, wie wir es uns vorstellen, können wir aus unserem Verstand heraus sprechen und die richtigen Worte wählen. Aber wenn wir unter Druck stehen, wird sich der wahre Zustand unseres Herzens in unseren Worten offenbaren. Allein dadurch, dass wir es gelernt haben, unser Verhalten zu ändern, wird sich unser tiefstes Inneres nicht verändern. Denn wahre Veränderung geschieht nur dann, wenn sich auch unser Herz verändert.

Doch Gott sei Dank ist Er damit beschäftigt unsere Herzen zu verändern. Ich liebe die folgende Aussage, weil sie solch eine wunderbare Wahrheit beinhaltet: *Wenn Gott dein Herz verändert, wird der Teil deines Herzens, der verändert wurde ganz automatisch alles erfüllen, was Gott von dir möchte. Denn, weil es von Herzen kommt, wirst du dann ganz automatisch das sein, was ein Christ eigentlich sein sollte.*

„Fatherheart Ministries" hat in Norwegen ein wundervolles Ehepaar namens Olav und Unni. Sie kamen in den 1970ern zum Glauben und hatten einen unglaublichen Einfluss auf ihre Heimatstadt in Norwegen, wo ein Drittel der jungen Leute durch sie ebenfalls zum Glauben fand. Wir trafen sie zum ersten Mal vor zehn Jahren. Als wir in ihrer Gemeinde dienten, wurden sie zutiefst von der Liebe des Vaters berührt. Alle Anstrengungen von Olav „der gute christliche Mann" und „der gute Pastor" zu sein, kamen zu jenem Zeitpunkt zu einem abrupten Ende, als er die Liebe des Vaters erfuhr und in Seine Ruhe einging. Die Liebe des Vaters hat das Leben der beiden vollkommen verändert.

Olav und Unni verbringen einen wichtigen Teil ihres Dienstes in Kenia und als sie eines Tages von einem Treffen in Nairobi durch die Slums nach Hause liefen, wurden sie von neun jungen Männern angepöbelt, schwer verprügelt, komplett ausgeraubt und man ließ sie mitten auf der schmutzigen Straße liegen. Als sie wieder zu Bewusstsein kamen, war Unni überglücklich, dass sie noch ihren Hochzeitsring trug. Alles andere war jedoch weg und sie konnten lediglich noch aufeinander zu kriechen. Als sie anfingen für ihre Angreifer zu beten, wurden sie mit solch einer unglaublichen Liebe für diese Männer erfüllt, die sie zusammengeschlagen hatten, dass sie nur noch staunen konnten. Aus ihren Herzen floss nur noch Liebe und es gelang ihnen nicht, irgendetwas anderes zu denken als: „Diese wundervollen jungen Männer. Möge Gott ihnen helfen, Seine Liebe zu erfahren. Sie sind solch wundervolle junge Menschen. Gott segne sie." All diese Liebe kam direkt aus ihrem Herzen und floss ohne Anstrengung aus ihnen heraus. Diese Erfahrung überzeugte sie von der Realität der Liebe des Vaters. Sie mussten ihren Angreifern nicht einmal vergeben, weil sie etwas viel Größeres besaßen – sie besaßen eine tiefe Liebe für ihre Feinde.

Genauso sollte ein wahres christliches Herz aussehen! Es geht nicht darum, aus einem Pflichtgefühl heraus vergeben zu müssen. Nein, für Olav und Unni war diese Erfahrung ganz einfach der überwältigende Ausdruck dessen, was bereits in ihren Herzen war. Deshalb mussten sie sich auch nicht fragen, was in dieser Situation wohl das richtige Verhalten wäre. Stattdessen war dasselbe Herz der Vergebung, das wir auch in Jesus sehen, automatisch in ihnen! *Denn wenn Gott unser Herz verändert, werden wir automatisch anders sein.*

Es geht im christlichen Glauben letztendlich nicht darum, richtiges Verhalten zu lernen und danach zu leben. Natürlich bin ich der Überzeugung, dass wir mit aller Entschlossenheit der Versuchung zu sündigen widerstehen sollten. Nicht mehr zu sündigen, ist aber nicht dasselbe wie Christus ähnlich zu sein. Stattdessen müssen wir erkennen, dass nur Gott unsere Herzen so verändern kann, dass wir Christus ähnlicher werden. Denn wenn Er uns verändert, werden wir automatisch, ohne darüber nachdenken zu müssen, zu anderen Menschen werden.

Deshalb müssen wir verstehen, dass der christliche Glaube sich von innen heraus selbst-generiert. Wenn wir ein wahres christliches Leben führen, werden wir all das werden, was ein Christ sein kann und sein sollte. Es sind dann nicht wir, die dieses Leben führen, nicht unsere Anstrengungen, unsere Selbst-Kontrolle oder unsere Disziplin. Wenn wir dagegen aus eigener Kraft einen Lebensstil entwickeln, der christlich aussieht, werden wir *uns* selbst zwangsläufig auch die Ehre dafür geben. Nur wenn Gott *selbst* uns verändert, werden wir Ihm dafür wirklich die Ehre geben. Gott selbst bringt Veränderung in unserem Herzen hervor und all unser Denken und all unser Verhalten kommt dann ganz *automatisch* in Übereinstimmung mit dem Denken und dem Verhalten dessen, der uns verändert.

NARBEN

Wenn wir in unserem Leben tief verletzt wurden, dann tragen wir eine Wunde in unserem Herzen, die dort bleiben wird, bis Gott uns davon heilt. So lange diese Wunde jedoch vorhanden ist, wird dieser Teil von uns beschädigt sein und nicht so funktionieren wie er sollte.

Als ich neun Jahre alt war, hatte ich einen Fahrradunfall. Von diesem Unfall blieb ich eine Narbe quer über meinem Knie zurück, wo damals der rostige Griff in meine Haut geschnitten hatte. Ich konnte nicht aufhören zu weinen und als ich nach Hause kam, sah ich den großen Schnitt, der sich quer über mein Knie zog. Als meine Mutter die Wunde reinigte, schaute sie auch mein Vater an und bemerkte: „Du wirst eine Narbe für den Rest deines Lebens mit dir herum tragen." Die Narbe ist bis zum heutigen Tag noch vorhanden. Allerdings ist sie heute so klein, dass sie kaum noch zu erkennen ist. Der Grund dafür ist, dass mein Knie gewachsen ist, die Narbe selbst jedoch nicht. Wenn unser Herz vernarbt, dann wächst dieser Teil unseres Herzens ebenfalls nicht weiter und wir bleiben in diesem Bereich das kleine Kind, das verletzt wurde. Das ist der Grund, warum so viele von uns manchmal solch kindische Reaktionen an den Tag legen, für die wir uns dann später schämen. Wir nehmen uns dann vor, das nächste Mal anders zu handeln, aber wir reagieren immer auf die gleiche Art und Weise! Gott ist jedoch dabei die Narben in unserem Herzen zu heilen und wenn Er das tut, dann fängt dieser Teil von uns wieder an zu wachsen, bis er wieder das richtige Alter und die entsprechende Reife entwickelt hat. Gott sei Dank benötigt es nicht sehr viel Zeit, denn Er kann uns sehr schnell heilen!

Wenn unser Herz vernachlässigt wurde oder nicht die Zuneigung erfahren hat, die es benötigt, oder wenn es gebrochen und verletzt wurde, dann wird der betroffene Bereich unseres Herzens so lange vernarbt bleiben, bis Gott ihn heilt. Es ist jedoch allein Sein Werk unsere Herzen zu heilen und Er tut dies, indem Er Seine tröstende Liebe hineingießt.

Du bist dein Herz

Wenn wir in unserem Herzen verwundet wurden, wurde unser tiefstes Inneres verwundet. Warum? Weil wir eben nicht einfach nur ein Herz haben, sondern weil *wir unser Herz sind.* Unsere Fähigkeit Entscheidungen zu fällen, beruht auf der Tatsache, dass wir einen Willen haben, den wir in jede beliebige Richtung lenken können. Auf dieselbe Weise sind wir auch nicht unser Verstand, da wir unser Denken jederzeit ändern können. Aufgrund dessen können wir jederzeit eine andere Meinung vertreten. Deshalb ist das, was wir denken, auch nicht das, was uns ausmacht, da wir unser Denken kontrollieren können. Wir können uns für etwas entscheiden, von dem wir genau wissen, dass es nicht der Wahrheit entspricht. Das gleiche trifft auf unsere Emotionen zu. Denn unsere Emotionen gehören zwar zu uns, aber auch sie sind nicht *was uns ausmacht.* Viele Menschen sind gefangen in dem Denken, dass ihre Gefühle sie ausmachen. Wenn sie sich traurig fühlen, ist die ganze Welt traurig. Wenn sie sich glücklich fühlen, dann ist das ganze Leben einfach wunderbar. Wenn sie sich niedergeschlagen fühlen, dann sehen sie die ganze Welt als einen deprimierenden Ort. Unsere Gefühle sind zwar ein Teil von uns, aber sie sind nicht das, was uns wirklich ausmacht. Deine Gefühle müssen nicht unbedingt der Wahrheit entsprechen.

Unser Verstand gehört uns, unser Wille gehört uns und unsere Gefühle gehören uns. *Aber unser Herz macht aus, wer wir wirklich sind.*

HEILENDE LIEBE

Wenn Gott unser Herz verändert, dann beginnen wir das zu lieben, was Er liebt. Wir beginnen zu fühlen, was Er fühlt und zu denken, wie Er denkt. Wir beginnen – ganz automatisch – das zu tun, was Er tut! Deshalb soll das vorliegende Buch nicht einfach nur eine Lehre vermitteln. Vielmehr soll Er in unser Herz kommen, um es zu heilen, indem er Seine Liebe darin ausgießt und so unser Herz wie Seines wird.

Die wunderbare Nachricht ist, dass Seine Liebe in unserem Herz alles rückgängig macht, was der bisherige *Liebesmangel* in uns angerichtet hat. Manchmal benutze ich deshalb das Wort „Unliebe", welches zwar nicht existiert, diese Realität über die ich hier schreibe, jedoch sehr genau beschreibt. Es gibt so viele Dinge, die wir in dieser Welt erlebt haben, die überhaupt nichts mit Liebe gemein haben. Wir mögen viele traumatische Erfahrungen von Unliebe gemacht haben, die Löcher in unserem Lebensfundament hinterlassen haben. Jede dieser Erfahrungen von Unliebe wirkt wie eine verheerende Explosion in den tiefsten Bereichen unseres Daseins. Wenn Gott jedoch Seine Liebe in dieses Fundament hineingießt, dann füllt sie zuerst einmal die Krater aus, welche diese Explosionen verursacht haben. Dann fließt Seine Liebe in die traumatischen Risse und Krater unseres Lebens und beginnt unsere Persönlichkeit wiederherzustellen.

Trotzdem verstehen die meisten von uns dies leider noch immer nicht. Deshalb war es auch das Ziel der meisten Seelsorgedienste, mit denen wir gearbeitet haben, die einzelnen Verwundungen einer Person zu diagnostizieren, indem sie isolierte Ereignisse in ihrem Leben identifizierten. Wir baten Gott dann für Heilung für die Verwundungen, welche diese Ereignisse hinterlassen haben. Gott erhörte unsere Gebete und goss Seine heilende Liebe aus. Wir hatten also Erfolg mit dieser Methode. Heute weiß ich, dass wenn wir unser Herz öffnen können und es der Liebe des Vaters einfach erlauben beständig hineinzukommen, dass seine Liebe dann *alle* Risse ausfüllt! Wir müssen diese also nicht zuerst einzeln identifizieren. Stattdessen füllt sie Seine Liebe ganz automatisch aus! Wenn es uns gelingt unsere Herzen vor Gott zu öffnen und wir es dem Vater erlauben uns beständig mit Seiner Liebe zu füllen, dann werden wir geheilt werden, ob wir nach Heilung suchen oder nicht!

Wir müssen verstehen, dass Seine Liebe in unser Herz ausgegossen wird und unser Herz der Ort ist, wo wir Ihm begegnen. Früher glaubte ich, dass dies alles sei, was unseren Dienst ausmacht. Wir glaubten damals, dass die Botschaft vom Vaterherz Gottes etwas sei, das lediglich die Emotionen der Leute heilen würde. Mittlerweile haben wir festgestellt, dass die Heilung unseres Herzens nur den Anfang auf unserem Weg zum Vater darstellt. Denn wenn Seine Liebe anfängt in unser Leben hineinzufließen, heilt sie zuallererst unsere Herzen. Wenn wir dann unsere Herzen offen halten, kann eine Beziehung als Sohn bzw. Tochter entstehen und wir werden in der Erkenntnis und der Erfahrung Seiner Liebe wachsen.

Der Schlüssel dazu ist unsere Fähigkeit, Ihm gegenüber unser Herz zu öffnen. Wie das allerdings geht, kann ich nicht erklären. Was ich aber tun kann, ist mich einfach vor Gott auszustrecken und Ihm zu sagen: „Gott, was immer Du tun möchtest, tue es. Egal wie sehr es weh tut, tue es trotzdem. Vater, ich vertraue darauf, dass Du ein guter Gott bist und dass Du mir keinen Schaden zufügen wirst. Ich gebe mich Dir hin und ich vertraue Dir, weil Du gut bist."

Wir alle haben unsere Gründe, warum wir manchen Leuten in unserem Leben nicht vertrauen können. Es gibt jedoch niemals einen Grund, Gott nicht zu vertrauen. Manche Leute sagen: „Gott hat dieses oder jenes in meinem Leben zugelassen." Die Wahrheit ist jedoch, Gott hat weder dir, noch irgendjemand anderem jemals etwas angetan – niemals! Er kann nur Gutes tun und Er kann nicht sündigen. Es gibt also keine Gründe dafür, Gott etwas vorzuwerfen oder Ihm für etwas zu vergeben, von dem wir annehmen es sei Seine Schuld. Wir mögen glauben, Er habe etwas falsch gemacht, aber das hat Er nicht. Auch wenn wir nicht immer alles verstehen, was in unserem Leben geschieht, die Wahrheit ist, dass Gott immer und ausschließlich gut ist.

Darum möchte ich an dieser Stelle den Leser dazu ermutigen, Ihm – soweit es möglich ist – sein Herz zu öffnen. Ein Gebet, das dies ausdrückt, ist zum Beispiel: „Vater, hier bin ich – egal was du in mir tun möchtest." Vielleicht bringen wir unsere eigenen Erwartungen mit uns, wenn wir diese Worte aussprechen, aber mir persönlich ist es immer lieber, wenn sich Gottes Erwartungen erfüllen, anstatt meine eigenen. Wir können also beten: „Vater, ich bitte nicht darum, dass meine eigenen Erwartungen erfüllt werden, sondern ich möchte alles empfangen, was *Du* für mich hast."

Denn Er ist ausschließlich gut und wir können Ihm vertrauen.

KAPITEL 3

Herzensvergebung

∼

Als Jesus am Kreuz starb, sprach Er die Worte: „Es ist vollbracht!" Alles was Gott für uns tun kann, ist bereits getan. Wir
erkennen immer mehr, dass uns alles zur Verfügung steht und
wir mit allem versorgt wurden, was Gott in Seinem Herzen für
uns vorgesehen hat. Was Jesus am Kreuz vollbracht hat, wird
nun zu unserer eigenen Erfahrung. Der Prozess des christlichen
Wachstums besteht letztendlich darin, dass du und ich in die
Realität all dessen eintreten, was Er bereits für uns getan hat. Gott
muss dem nichts mehr hinzufügen. Christus hat alles vollbracht.
Allerdings stellt sich dann die Frage, warum wir dies nicht mehr
erleben? Nun, ich möchte mich über die nächsten zwei Kapitel
intensiver mit dieser Frage beschäftigen.

ER LIEBT UNS BEREITS

Bei der Offenbarung der Vaterliebe Gottes geht es letztendlich
nicht darum, dass wir versuchen den Vater dazu zu bringen, Seine

Liebe in unsere Herzen auszugießen. Seine Liebe regnet beständig auf uns herab. Die Frage ist stattdessen: *„Warum erlebe ich das nicht intensiver? Warum ist es nicht real für mich?"*

Das Hauptproblem liegt darin, dass es in uns Blockaden gibt, welche die Erfahrung dieser Realität in unserem Leben behindern. Wenn wir diese Blockaden beseitigen, dann wird Seine Liebe immer realer für uns. Das Lied, das die walisische Erweckung von Anfang an begleitete, war die wunderschöne Hymne: „Hier ist Liebe, so weit wie der Ozean, liebende Güte wie eine Flut." Diesem Lied zufolge, ist die Liebe Gottes wie ein Ozean und ich weiß wie Ozeane aussehen. Man braucht fast zwölf Stunden um von meinem Heimatland Neuseeland nach Los Angeles zu fliegen und dazwischen ist praktisch nichts anderes als der gewaltige Ozean. Wir haben gerade erst damit begonnen, unsere Zehen in den gewaltigen Ozean der Liebe des Vaters einzutauchen.

Wenn wir in die fortwährende Erfahrung Seiner aktiven und persönlichen Liebe eintreten, dann wird sich unser Charakter verändern. Seine Liebe verändert unser Leben und verwandelt uns in das Ebenbild Seines Sohnes. *Die Liebe selbst verändert uns.* Der Schlüssel zum geistlichen Wachstum liegt deshalb darin, die Dinge loszulassen, die uns daran hindern die Realität Seiner Liebe zu erfahren. Dies ist die einfachste und doch bedeutendste Wahrheit.

Der christliche Glaube generiert sich selbst

Der christliche Glaube *generiert sich selbst,* von innen heraus. Wenn wir ein wahres christliches Leben führen, wird es Christus in uns hervorbringen und uns in all das verwandeln was Jesus ausmacht. Allerdings gibt es *nichts,* was wir tun müssten, um dies zu bewerkstelligen. Wenn wir nicht in das Ebenbild Jesu verwandelt werden, erfahren wir ganz einfach nicht den wahren christlichen Glauben. Denn die Essenz des christlichen Glaubens ist diese: Jesus starb am Kreuz, um uns mit Gott zu versöhnen, damit wir eine Beziehung mit Seinem Vater eingehen und ganz persönlich seine Liebe erfahren können. Der christliche Glaube ist so unendlich mehr als die abstrakte Erkenntnis, dass Gott uns halt irgendwie liebt. Es ist eine reale Erfahrung, von Ihm jeden Tag und jede Minute *geliebt* zu werden. Der Unterschied zwischen diesen beiden Realitäten ist massiv. Sogar der Teufel weiß, dass Gott uns liebt, doch das ist kein Glaube, sondern nur korrekte Lehre. Denn Glaube ist das Ergebnis, wenn ich Seine Liebe erfahren habe. Wenn wir diese Liebe nicht erleben können, ist der Grund dafür eine Blockade in unserem Herzen. Aber wenn wir die Blockade entfernen, werden wir einen offenen Himmel erleben.

Das Christentum kann mit einer Person verglichen werden, die, ohne etwas davon zu wissen, viel Geld von einem verstorbenen Verwandten geerbt hat. Die Medien in Neuseeland veröffentlichten vor einigen Jahren die Geschichte eines Mannes, der eine riesige Summe Geld von einem entfernten Verwandten in Südamerika geerbt hatte, von dem er noch nicht einmal wusste, dass er existierte. Die Testamentsvollstrecker brauchten einige Jahre, bis sie ihn, den einzig noch lebenden Verwandten ausfindig gemacht hatten. Er erbte die atemberaubende Summe von dreizehn Milliarden Dollar.

Man stelle sich das einmal vor: Eines Tages bekommt dieser Mann einen Telefonanruf von einem Anwalt, der ihn in sein Büro für ein Treffen bestellt. Dort erfährt er, dass diese gewaltige Summe nun ganz allein ihm gehört. Was für ein Schock! Man kann sich ausmalen, wie dies sein Leben dramatisch und dauerhaft verändern würde.

Die Wahrheit, lieber Leser, ist, dass es sich genau so mit dem christlichen Glauben verhält. Durch den Tod und die Auferstehung Jesu haben wir ein riesiges Erbe erhalten. So viele von uns haben jedoch keine Ahnung was dies wirklich bedeutet. Aber nun sind wir dabei es herauszufinden. Wir lernen, was es wirklich bedeutet gerettet zu sein. Es handelt sich dabei um so viel mehr als eine Fahrkarte in den Himmel, ein gutes Leben zu führen, freundlich zu den Nachbarn zu sein, ein guter Mitarbeiter zu sein, regelmäßig in den Gottesdienst zu gehen oder sogar einen Dienst in der Gemeinde auszuüben. Leider glauben viele, dass diese Dinge das Christsein ausmachen! In Wahrheit ist der christliche Glaube so viel mehr!

Im christlichen Glauben geht es darum, dass du und ich wie Jesus werden! Das ist das Ziel: Ein Leben, das in dieser Welt aus der Ewigkeit her geführt wird und so dem Leben Jesu in der Ewigkeit entspricht. Das ist viel mehr, als wir uns vorstellen können! Der christliche Glaube ist eine gewaltige Sache und wir haben das ganze Ding geerbt. Die Person, die erst seit fünf Minuten Christ ist, hat nicht weniger geerbt, als die Person die schon seit fünfundachtzig Jahren Christ ist. Vielleicht versteht die Person, die schon länger Christ ist, wie groß ihr Erbe ist, aber wir besitzen im Grunde genommen alle gleich viel.

Einstein wird folgendes Zitat zugeschrieben: „Wenn du deiner Großmutter nicht erklären kannst, was du tust, dann hast du es vielleicht selbst noch nicht ganz verstanden." Ich mag diese Aussage. Denn wenn wir etwas im Leben wirklich verstanden haben, lässt es sich auch ganz einfach umsetzen. Deshalb ist das, über was ich hier spreche, auch nicht kompliziert. Der Vater liebt uns und das verändert wer wir sind. Wenn wir diese Liebe kennen, sie erfahren und in ihr wandeln, dann verwandelt sie uns in das

Ebenbild des Herrn. Deshalb möchte ich über einige der Blockaden in meinem eigenen Leben berichten und den Weg aufzeigen, den der Herr mich selbst geführt hat, um da hinzukommen.

EIN UNBEQUEMES WUNDER

Wir begegneten Jack Winter zum ersten Mal 1976 in Neuseeland. Er lud uns ein, Teil seines Dienstes *Daystar Ministries* in den Vereinigten Staaten zu werden. Im September 1978 brachen wir auf, landeten zuerst in der erstickenden Hitze von Los Angeles und flogen von dort nach Indianapolis. Wir waren ohne Rückflugticket gekommen, was meiner Meinung nach schon an sich ein Wunder Gottes darstellte, da man als kurzfristiger oder langfristiger Besucher der Vereinigten Staaten normalerweise ein Rückflugticket vorzuweisen hat. Dorothy Winter holte uns am Flughafen ab und von dort fuhren wir zum Zentrum des Werkes in Martinsville, Indiana. Dort hörten wir zum ersten Mal etwas über die Liebe des Vaters.

Allerdings hatte ich ein sehr großes Problem damit, denn ich fühlte mich nicht zu einem Dienst der Liebe berufen. Immerhin war ich ein Mann, nicht ein Waschlappen Gottes. Dieses „Liebeszeugs" war definitiv nichts für mich. Denn geistlicher Dienst bedeutete für mich „ein scharfes Dreschinstrument" zu sein, dessen Worte durch die Mächte des Bösen schneiden und die Dämonen in die Knie zwingen. Als ich dann mit Denise und den drei Kindern in Jacks Zentrum ankam, musste ich erschüttert feststellen, dass sich alles in seinem Dienst um dieses „Liebeszeugs" drehte. Ich befürchtete einen schrecklichen Fehler begangen zu haben, weil wir ohne Rückflugticket nun nicht mehr zurück nach Hause fliegen konnten! Der Herr hatte jedoch Seine Absichten inmitten all meiner Unbehaglichkeit.

Wir steckten also fest und so überlegte ich, was ich tun könnte, um die Zeit dort sinnvoll zu nutzen. Eines Tages unterhielt ich mich mit einer der Fürbitterinnen des Werkes. In ihren Augen sah ich, dass sie wirklich wusste wie man betet. Also dachte ich mir: „Ich habe keine Ahnung wie man betet, aber sie weiß es offensichtlich." In diesem Moment entschied ich mich Beten zu lernen.

BETEN WIE EIN RICHTIGER MANN

Eine Geschichte in der Apostelgeschichte motivierte mich besonders. Petrus zieht sich auf das Dach eines Hauses zum Gebet zurück und später wird berichtet, wie er während des Betens von Hunger übermannt wird. Ich dachte mir: „Wie lange dauert es, bis ein Mann hungrig wird?" Das müssen mindestens ein paar Stunden gewesen sein. Ich konnte mich sehr gut mit Petrus identifizieren, weil er ein körperlich sehr aktiver und hart arbeitender Mann war, ein Mann mit schwieligen Händen und einem vom Wetter gegerbten Gesicht – ein Typ wie ich, der sich gerne draußen aufhielt, ein Mann der, wenn die Dinge falsch liefen, sich durch Arbeit abzulenken wusste. Deshalb ging er auch fischen, nachdem Jesus gestorben war. Er kroch nicht unter sein Bett um zu klagen oder schloss sich weg, um Poesie zu lesen. Ich liebe Poesie und habe sogar ein paar Gedichte selbst geschrieben, aber ich konnte mich einfach viel mehr mit dem Arbeiter in Petrus identifizieren, denn ich hatte zum Beispiel auch schwielige Hände, hatte eine lange Zeit meines Lebens in den Bergen als ein professioneller Jäger verbracht und arbeitete nach unserer Hochzeit auf der Baustelle.

Und selbst eine aktive, hart arbeitende und sich ständig draußen aufhaltende Person wie er, hatte es gelernt Durchhaltevermögen in seinem Gebetsleben zu entwickeln. Wir nehmen oft an, dass es für Menschen, die vom Typ her introvertiert sind oder gerne studieren, einfacher ist über längere Zeit zu beten und doch war es hier Petrus, der betete bis er hungrig wurde. Das hat mich wirklich herausgefordert.

Ein weiterer biblischer Charakter der mich herausforderte war Elia, der ebenfalls ein harter Typ Mann gewesen war. Die Bibel beschreibt ihn als eine Person mit einer „kieselharten Stirn". Es bedarf einer gewissen Art Persönlichkeit, um die Dinge zu tun, die er tat. Ich glaube, dass wenn Elia heutzutage einen Raum betreten würde, wir uns alle vor seinen Augen erschrecken würden. Was mich jedoch beeindruckte, war die Tatsache, dass er lange und oft allein auf einem Hügel saß (2. Könige 1,9). Dies war für mich ein Hinweis darauf, dass er ein Gebetsleben hatte und wusste, wie man einfach nur dasitzt und Zeit mit Gott verbringt.

Die Tatsache, dass ich nicht wusste, wie man für längere Zeit betet, forderte mich heraus. Also nahm ich mir vor, zu lernen wie man betet. Denn immerhin war es meine Absicht, mehr wie diese inspirierenden Persönlichkeiten zu werden, über die ich bisher lediglich etwas gelesen hatte. Es gab im Keller des Gebäudes, indem wir lebten, eine wunderschöne, kleine Kapelle, die komplett in Grün ausgestattet war. Ich nahm mir vor, dort jeden Samstagmorgen, wenn niemand anders zugegen war, etwas Zeit zu verbringen. Es war mein Plan, die Tür zu verschließen und dort so lange wie möglich zu beten.

Als der folgende Samstag dann näher rückte, erstellte ich in meinem Kopf eine Liste all der Dinge für die ich beten wollte. Alles was generell als Gebet bezeichnet werden könnte, würde Erwähnung finden, nur um die Liste zu verlängern. Ich nahm mir vor, dass wenn meine Gedanken zu wandern anfingen, ich mich deshalb nicht dafür verurteilen, sondern mich einfach neu ausrichte würde. Ich hatte Frieden mit der Idee geschlossen, dass ich anstatt für meine menschliche Schwachheit um Vergebung zu bitten, ich die Liste von Bitten einfach abarbeiten würde. Am nächsten Samstag schloss ich mich also in der Kapelle ein und betete für alles, was mir in den Sinn kam.

Ich betete in Zungen, ich betete in meiner Muttersprache, ich sang meine Gebete, ich legte mich auf mein Angesicht, ich betete auf dem Rücken liegend, ich lief betend durch den Raum und ich betete so lange und so langsam ich konnte, um die Zeit, die ich in der Kapelle verbrachte, möglichst lange auszudehnen. Zwar hatte ich meine Bibel dabei, allerdings war ich nicht gekommen, um meine Bibel zu lesen, sondern um zu beten. Nach einer gewissen Zeit, die mir wie eine Ewigkeit vorkam, schien es mir, als ob sich die Wände auf mich zubewegten. Mir wurde langweilig und ich bekam fast Platzangst. Ich eilte deshalb zur Tür hinaus auf den Korridor. Ein Blick auf meine Armbanduhr sagte mir, dass ich gerade mal zwanzig Minuten gebetet hatte. Nun bin ich keine Person, die so leicht aufgibt. Das war einfach die Realität, wenn man beten lernen will. Während der darauffolgenden Woche überlegte ich mir weitere Dinge, für die ich im Gebet einstehen könnte. Weil ich mich dazu verpflichtet hatte jeden Samstag in der Kapelle zu sein, wollte ich auch am nächsten Wochenende wieder runter in den Keller gehen. Am nächsten Samstag betete ich also, demselben Ablauf folgend, so langsam wie möglich, alles, was mir in den Sinn kam – in Zungen, in meiner Muttersprache, singend, stehend, sitzend, gehend – in jeder möglichen Gebetsmethode und -position. Letztendlich konnte ich es nicht mehr aushalten und musste raus … ich hatte mich dort für fünfundzwanzig Minuten aufgehalten. Ich dachte mir, dass dies ein Fortschritt war, aber dass ich noch weit davon entfernt war, wie Elia tagelang auf einem Hügel zu sitzen! Und ich war davon sicherlich nicht, wie Petrus, hungrig geworden!

Es war harte Arbeit, aber ich hielt durch. Ich dachte mir, wenn es andere Leute können, dann würde auch ich dazu in der Lage sein. Ich wollte ein Mann Gottes sein und alles Nötige dafür tun. Eines Tages geschah etwas Unerwartetes. Während ich betete, erfüllte auf einmal die Gegenwart des Herrn den Raum. Natürlich hatte ich Seine Gegenwart schon viele Male vorher erlebt, aber noch nie alleine und in dieser Intensität. Ich hatte kraftvolle Begegnungen mit Seiner Gegenwart schon in Versammlungen erfahren, allerdings noch nie, wenn ich allein war. Das war ziemlich überwältigend. Als Seine Gegenwart in den Raum kam, war mein erster Gedanke, dass ich nichts tun sollte, was dazu führen könnte, dass sie den Raum wieder verlässt. Ich hatte meine Bibel in der Hand, aber zögerte sie zu öffnen. Auch wollte ich für nichts beten, das in irgendeiner Form als selbst-zentriert oder auf einem falschen Motiv gründend ausgelegt werden konnte. Also stand ich dort vor Ihm und tat nur das, was ich in Seiner Gegenwart als angemessen hielt. Nach einer Weile zog sich Seine Gegenwart zurück und verflog wie der Nebel über einer Gebirgskette. Auf einmal wurde mir bewusst, dass ich wieder alleine war. Er war gegangen. Ich schaute auf meine Uhr und stellte fest, dass eine Stunde vergangen war, aber es fühlte sich so an, als ob es nur fünf Minuten gewesen wären. Ich verstand es damals noch nicht, aber in diesem Moment lernte ich nicht nur das Geheimnis des Gebets, sondern des gesamten christlichen Lebens.

Das gesamte christliche Leben basiert wirklich nur auf einer Sache. Diese eine Sache ist, Seine Gegenwart zu finden und darin zu verbleiben – es zu lernen, in dem realen Bewusstsein Seiner Gegenwart beständig zu leben. Ab diesem Zeitpunkt, suchte ich jedes Mal Seine Gegenwart, wenn ich zum Beten in die Kapelle ging. Manchmal kam sie, und manchmal kam sie nicht, allerdings kam sie immer öfter und regelmäßiger. Mit der Zeit lernte ich mehr und mehr Seine Gegenwart zu berühren.

Dann geschah eines Tages etwas während ich betete, das alles verändern sollte. Dies war auch das letzte Mal, dass ich zum Beten in die Kapelle ging. Seine Gegenwart kam und ich war allein mit Ihm. Zu diesem Zeitpunkt betete ich für gewöhnlich drei bis vier Stunden. Ich ging durch den Raum mit der geöffneten Bibel in der Hand. Als ich jedoch die Wand erreichte, sprach auf einmal der Herr zu mir.

Und dieser Moment hat bestimmt, wer ich heute bin. Darüber hinaus und für mich damals noch völlig unvorhersehbar, hat er bis zum jetzigen Zeitpunkt, das Leben von tausenden von Menschen beeinflusst. Denn Gott forderte mich damals heraus und stellte mir eine Frage, die mich bis ins Mark erschütterte. Die Frage bestand nur aus fünf Worten, die aber voller Bedeutung waren. Noch einmal kurz zur Erinnerung, ich hatte wirklich meine Probleme damit, die Liebe des Vaters zu empfangen. Deshalb sprach Er so zu mir, dass ich Ihn vollkommen verstand. Mir wurde klar, dass Seine Gegenwart eine Absicht hatte. Auf einmal war es, als ob ich mich im Rampenlicht befand und ich fühlte mich, als ob Er mich eindringlich beobachtete, um herauszufinden, wie ich auf Seine Frage reagieren würde.

Irgendwie wusste ich, dass Er genau sehen konnte, was ich dachte und fühlte. Jede Reaktion in mir war bloßgestellt und ich fürchtete mich unter den suchenden Augen des Herrn, die sich für mich wie eine Mischung aus Scheinwerfer und Röntgenstrahl anfühlten. In Hebräer 4,13 lesen wir: *„Vor Ihm bleibt kein Geschöpf verborgen, sondern alles liegt nackt und bloß vor den Augen dessen, dem wir Rechenschaft schulden."* Und das Erschreckende für mich war, dass ich mir in diesem Moment der Realität dieser Worte bewusst wurde. Ich war bloßgestellt unter Seinem unnachgiebigen Blick und versuchte eine Antwort zu formulieren. Denn die Frage war einfach zu verstehen, allerdings sehr schwer zu beantworten.

Er hatte mich ganz einfach gefragt: *„James, wessen Sohn bist du?"*

Wenn Er die Frage nur ein klein wenig anders formuliert hätte, wäre es kein Problem gewesen zu antworten. Er hätte mich zum Beispiel fragen können: „James, wer ist dein Vater?" Dann hätte ich Ihm geantwortet: „Bruce Jordan ist mein Vater." Denn es gibt ja keinen Zweifel daran, dass Bruce Jordan mein Vater *ist*. Deshalb hätte ich einfach geantwortet: „Es ist Bruce. Bruce Jordan ist mein Vater!" Er hatte mich jedoch nicht danach gefragt wer mein Vater ist – Er hatte mich gefragt *wessen Sohn* ich bin. So begann ich zu realisieren, dass ich vor langer, langer Zeit damit *aufgehört hatte* meinem Vater ein Sohn zu sein.

Wie ich mein Herz gegenüber
meinem Vater verschloss

Ich erinnere mich mit absoluter Klarheit daran, wie ich mit 10 Jahren in einem Friseurstuhl saß. Meine Arme ruhten auf der Armlehne des alten Lederstuhls. Jeder in unserer Stadt hatte zumindest ein Jagdgewehr, um an den regelmäßigen Schießwettkämpfen teilzunehmen und der Friseur war der bekannteste Jäger der Stadt. Er zog sich manchmal für mehrere Wochen mit nichts als seinem Gewehr, einer Decke zum Schlafen, und einem Sack voll Mehl, mit ein wenig Reis und Salz für seine Mahlzeiten, in die Berge zurück. Meine Mutter war allerdings die beste Schützin der Stadt. Sie war eine echte „Annie Oakley" und wenn sie loszog um Hasen zu jagen, kam sie für gewöhnlich mit sechzig bis neunzig Tieren zurück, alle erlegt mit einem gezielten Kopfschuss. Ihr Gewehr befindet sich noch heute in meinem Besitz.

Während der Friseur meine Haare schnitt, kam ein anderer Mann in seinen Laden und begann sich mit ihm zu unterhalten. „Wie war dein Jagdausflug?" fragte ihn der Friseur. Die Antwort sollte mein Leben für immer verändern, denn er berichtete, dass der Jagdausflug nicht sehr erfolgreich gewesen war, da die staatlichen Jäger in der Gegend gewesen waren und nur wenige Hirsche übriggelassen hatten. Diese Jäger wurden von der Regierung angestellt, um in den Bergen zu leben und Hirsche zu schießen. Das war alles was sie taten, während sie in Hütten und unter Felsen schliefen. Als ich das hörte, verstand ich sofort, dass diese Jäger bessere Jäger waren als der beste Jäger der Stadt, weil sie so viele Hirsche geschossen hatten, dass für die anderen Jäger keine mehr übrig geblieben waren. Alles was ich von diesem Moment an tun wollte, war in den Bergen zu leben und Hirsche für die Regierung zu schießen.

Ich liebe die Berge, aber was mich wirklich dort hinzog, war die Möglichkeit, die dieser Lebensstil versprach, unabhängig von zwischenmenschlichen Beziehungen zu leben. Denn ich hatte entdeckt, dass Menschen mich verletzen konnten und ich dachte mir, dass wenn ich ohne andere Menschen leben würde, ich keinen Schmerz mehr in meinem Leben erfahren würde. Der meiste Schmerz in meinem Leben resultierte aus meiner Beziehung mit meinem Vater. Als ich dann über die von der Regierung ange-stellten Jäger hörte, gab ich im Prinzip jegliche Anstrengung in der Schule auf. Jedes Mal wenn ich mein Zeugnis bekam, sagten meine Lehrer zu meinen Eltern: „James hat die größte Kapazität in der Klasse, aber er benutzt sie nicht." Irgendwie konnte ich mich durchmogeln und alle Prüfungen bestehen, ohne regelmäßig in der Schule zu erscheinen. Ich saß ganz einfach die Zeit ab, bis ich das achtzehnte Lebensjahr erreicht hatte, das Alter indem ich alt genug war, um ein von der Regierung angestellter Jäger zu werden.

Aufgrund meines Eifers wurde ich sogar bereits mit siebzehn Jahren eingestellt. Mein Vater hatte mich in meinem Leben so verletzt, dass ich noch vor meinem zehnten Lebensjahr mein Herz ihm gegenüber verschlossen hatte. Von diesem Zeitpunkt hatte ich aufgehört, ihm ein Sohn zu sein.

Als mich nun der Herr mit der Frage konfrontierte, wessen Sohn ich sei, wusste ich sofort, dass er einen Namen erwartete. Die Frage war sehr genau ausgedrückt: *„James, wessen Sohn bist du? Gib mir einen Namen."* Die erste Antwort die mir natürlich in den Sinn kam war: „Ich bin Bruce Jordans Sohn." Aber ich realisierte sofort, dass ich das nicht sagen konnte, weil Er mein Herz beobachtete und wusste, dass ich schon vor langer Zeit damit aufgehört hatte ein Sohn für meinen Vater zu sein.

Die Frage wühlte ein paar tiefe Dinge in mir auf. Die Monate davor hatte ich das Johannesevangelium gelesen und war zutiefst betroffen von Jesu Beziehung mit Seinem Vater. Aus diesem Grund hatte ich jede Seiner Aussagen diesbezüglich unterstrichen – Aussagen wie: *„Ich liebe es Deinen Willen zu tun."* Oder: *„Ich habe eine Speise von der ihr nichts wisst. Meine Speise ist es den Willen meines Vaters zu tun und ich vollende Sein Werk."* Auf einmal verstand ich, dass es solch eine befriedigende Sache für Jesus war den Willen Seines Vaters zu tun, dass Er nicht einmal physischen Hunger verspürte. Als ich dies dann mit meiner Beziehung mit meinem Vater verglich, fiel mir sofort der krasse Unterschied auf. Da verstand ich, dass der Herr mich eigentlich fragte: „James, wem bist du ein Sohn gewesen, wie Jesus mir ein Sohn ist?" Das war es, was Er wirklich wissen wollte.

Und so zeigte mir der Herr den wichtigsten Schritt in der Vorbereitung meines Herzens, damit ich in der Lage wäre, die Liebe des

Vaters zu empfangen. Denn meine Einstellung gegenüber meinem irdischen Vater stellte, bis zu diesem Zeitpunkt, eine massive Blockade für den Empfang der Vaterschaft Gottes in meinem Herzen dar.

MEIN PAPA

Eine bleibende Erinnerung an meinen Vater ist, dass er wirklich eine Begabung dafür hatte einen Streit vom Zaun zu brechen – vor allem wenn er betrunken war und das war oft der Fall. Egal was man sagte, er nahm grundsätzlich den gegensätzlichen Standpunkt ein, fing an zu provozieren und forderte sein Gegenüber heraus. Als ich ein kleiner Junge war, wusste ich nicht, dass mein Vater Probleme hatte, mit denen er nicht klar kam. Deshalb glaubte ich, dass er mich hassen musste. Denn er provozierte mich so lange, bis ich buchstäblich die Kontrolle über meinen Körper verlor und in meinem Zorn und meiner Frustration anfing zu toben. Alles was ich hörte, wenn er einen Streit vom Zaun brach, war dass ich dumm war. *„Da stimmt etwas nicht mit deinem Gehirn. Du bist ein Idiot. Du bist nicht gut genug für mich. Ich mag dich nicht. Du bist verrückt. Du kannst nicht klar denken. Da stimmt etwas nicht mit dir!"* Heute weiß ich jedoch, dass solche Streitigkeiten rein gar nichts mit dem eigentlichen Thema zu tun haben müssen. Das Thema ist lediglich ein Mittel, das eine streitsüchtige Person benutzt, um die Kontrolle zu behalten. Ein Streit ist in Wahrheit immer auch ein Machtkampf.

Zweifellos hatte mein Vater seine Probleme. Die hatte ich auch, aber ich war ein kleiner Junge. Wenn er all die verbale Stärke eines Erwachsenen, seinen ausgereiften Verstand und die Kraft seiner Persönlichkeit gegen mich einsetzte, gab es Zeiten in denen ich buchstäblich die Schranktüren aus den Scharnieren heraustrat.

Ich sah dann wortwörtlich rot, knallte die Haustür hinter mir zu und rannte, schäumend vor Wut, den Hügel hinter unserem Haus hinauf, wo ich mir solange die Augen aus dem Kopf weinte, bis mein Herz sich endlich beruhigte. Nachdem alle Lichter erloschen waren, kehrte ich zurück, kletterte durch das Fenster meines Kinderzimmers und schlief ein. Niemand sah nach, ob ich zurück kam oder nicht. Die nächsten Tage herrschte dann, für gewöhnlich, große Anspannung zuhause. Diese löste sich jedoch Stück für Stück wieder auf, bis der nächste Streit ausbrach. So aufgewachsen, verschloss ich mein Herz gegenüber meinem Vater.

VERGEBUNG ALS EINE ENTSCHEIDUNG

Kurz nach meiner Bekehrung sprach ein Gastprediger in unserer damaligen Gemeinde. Seine Botschaft, die er verkündete, war: *„Du musst anderen, die gegen dich gesündigt haben, vergeben. Denn wenn du nicht vergibst, wird Gott dir auch nicht vergeben."* Ich verstand auf was er hinaus wollte, denn ich hatte diese Schriftstelle selbst schon oft gelesen. Allerdings interpretierte ich sie damals als eine Frage der Heilsgewissheit. In anderen Worten, wenn wir nicht vergeben, verlieren wir unsere Errettung. Mir kam einfach keine andere mögliche Bedeutung dieses Verses in den Sinn.

Wenn es ein Thema gibt, das mir unter den Nägeln brennt, dann ist es dieses! Denn ich glaube, dass weltweit sehr viele Christen eine falsche Vorstellung darüber haben, was *Vergebung* überhaupt ist. Viele glauben, dass sie vergeben haben, obwohl sie das in ihrem Herzen aber nicht getan haben. Sie glauben, dass sich das Thema für sie erledigt hat, weil sie das, was sie über Vergebung gelehrt wurden, in die Tat umgesetzt haben. Als ich jenem Prediger zuhörte, kam ich unter den großen Druck, entweder meinem Vater zu vergeben oder stattdessen meine Errettung zu verlieren.

Ich fühlte mich in die Enge getrieben! Am liebten hätte ich den Raum verlassen, brachte es allerdings nicht fertig. Ich dachte, dass wenn ich das tun würde, ich auch meinen christlichen Glauben zurücklassen würde. Also blieb ich sitzen, während der Druck langsam zunahm.

Die Wahrheit war jedoch, dass ich meinem Vater nicht vergeben wollte. Da gab es nichts in mir, das in irgendeiner Form daran interessiert war, ihm zu vergeben. Der Prediger bestand jedoch darauf, dass ich es tun müsse.

ES GEHT UM MEHR ALS EINE WILLENSENTSCHEIDUNG

Als der Prediger am Ende seiner Botschaft angekommen war, sprach er endlich seine Einladung aus: „Jeder, der noch jemandem vergeben muss: Jetzt ist die Zeit nach vorne zu kommen." Also ging ich nach vorne, auch wenn ich noch immer mit mir selbst am Kämpfen war. Einer der Ältesten kam und stellte sich neben mich. Eine lange Zeit war ich nicht in der Lage, die Worte der Vergebung gegenüber meinem Papa über meine Lippen zu bringen. Schließlich sagte er zu mir: „James, treffe einfach eine Entscheidung."

Als er das sagte, wusste ich, dass dies der Schlüssel war, der mir helfen würde endlich den Raum verlassen zu können. Denn wenn ich eines wusste, dann war es wie man seinen Willen einsetzt. In den Bergen hatte es Zeiten gegeben, in denen ich von einer Schlechtwetterfront mit überfließenden Flüssen überrascht wurde und mich daraufhin, frierend und bis auf die Haut durchnässt, durchschlagen musste. Wenn man in dieser Situation nicht irgendeine entfernte Hütte erreicht, überlebt man die Nacht wahrscheinlich nicht. Also aktiviert man seinen Willen und bahnt sich seinen

Weg durch den Wind und den Regen, bis man die nächstgelegene Unterkunft erreicht. Solche Situationen sind sehr intensiv und deshalb wusste ich aus Erfahrung, wie ich meinen Willen in die Tat umsetzen konnte. Als dieser Älteste mich dann also aufforderte eine Entscheidung zu treffen, schaltete ich einfach meine Gefühle ab und erwiderte in einem reinen Akt der Willensentscheidung: „Ich vergebe meinem Vater im Namen Jesu." Ich war so erleichtert. Die Tränen hörten auf, und ich war einfach überglücklich, weil ich das Gefühl hatte, dass meine ewige Errettung nun gesichert war.

An jenem Tag in der Kapelle, als der Herr mich fragte wessen Sohn ich sei, begann ich zu realisieren, dass ich in meinem Herzen noch immer riesige Probleme mit meinem Vater hatte. Ich war ihm gegenüber kein Sohn gewesen und hatte mich auf keinen Fall irgendwie auf ihn eingelassen. Ja, ich wollte das noch nicht einmal und die Streitigkeiten zwischen uns beiden brachen aufgrund dessen ab und zu immer noch aus. Bis zu jenem Tag hatte ich noch nicht verstanden, dass mein früherer Akt der Vergebung lediglich nur der Anfang gewesen war.

Leider wurde vielen Leuten beigebracht, dass Vergebung ausschließlich eine Willensentscheidung beinhaltet. In Wahrheit, mag Vergebung vielleicht mit einer Entscheidung beginnen, aber die Vergebung an sich ist so viel mehr. Die Worte allein, in einem reinen Willensakt ausgesprochen, sind nicht das was die Vergebung an sich ausmacht.

Machen wir hier aber eine kleine Pause und fahren mit der Geschichte in der Kapelle im nächsten Kapitel fort, damit ich hier zu dem Punkt kommen kann, den ich hier vermitteln möchte.

Vergebung als Entscheidung im Kontrast zur Herzensvergebung

Viele Menschen glauben, dass sie vergeben haben, nur weil sie eine Willensentscheidung getroffen und die Worte der Vergebung ausgesprochen haben.

Doch das Wort „Vergebung" ist zu solch einem religiösen Klischee verkommen, dass die meisten Christen einfach annehmen, sie wüssten was damit gemeint ist. Was ich hier allerdings ausdrücken möchte, unterscheidet sich ziemlich von dem, was die meisten Christen unter Vergebung verstehen. Um es genau zu nehmen, habe ich noch nicht einmal einen anderen Prediger so über dieses Thema sprechen hören.

Aber schauen wir uns zunächst einmal Matthäus Kapitel 18 an. Der erste Teil der Geschichte beginnt mit Vers 21, als Petrus eine Frage bezüglich der Vergebung an Jesus richtet. Wir lesen hier: *„Da trat Petrus zu Ihm und fragte: Herr, wie oft muss ich meinem Bruder vergeben, wenn er sich gegen mich versündigt? Siebenmal?"*

Was Petrus wirklich wissen wollte, war: „Herr, wie weit geht es eigentlich mit dieser ganzen Vergebungssache? Wie oft muss ich vergeben?"

Ich entdecke da einen unterschwelligen Hauch des Zögerns in der Art und Weise, wie Petrus seine Frage stellt. Es ist sehr wahrscheinlich, dass Petrus Zeuge der Gnade und Barmherzigkeit war, die Jesus der Frau, die Ehebruch begangen hatte, als auch vielen anderen Menschen in ähnlichen Umständen entgegengebracht hatte. Als der gelähmte Mann zum Beispiel durch das aufgedeckte Dach herabgelassen wurde, um von Jesus geheilt zu werden, waren

Jesu erste Worte an ihn: „*Sohn, deine Sünden sind dir vergeben.*" Dieser Mann hatte noch nicht einmal um Vergebung gebeten! Petrus war Zeuge davon gewesen, wie Jesus *überaus* großzügig mit der Vergebung von Sünden und der Ausübung von Barmherzigkeit umging. Er konnte dies über einen längeren Zeitraum beobachten, bevor er diese Frage stellte: „Jesus, wie weit können wir damit gehen? Wie bringen wir Vergebung unter einen Hut mit den Ansprüchen des Gesetzes?" Indem Petrus diese unglaubliche Frage stellte, legte er damit auch sein eigenes Herz offen. Jesus antwortete ihm: „*Nicht siebenmal, sondern siebzigmal siebenmal.*"

Ich glaube nicht für einen Moment, dass Jesus damit ausdrücken wollte, dass wir genau vierhundertneunzig Mal vergeben sollten und damit unsere Pflicht erfüllt haben. Stattdessen wollte Er damit ausdrücken, dass Vergebung endlos ist. Er zeigte auf, dass Petrus keine Ahnung hatte, was Vergebung wirklich bedeutete.

So wie Vergebung heutzutage oft verstanden wird, wäre es extrem schwierig einer Person für dieselbe Sünde siebenmal zu vergeben. Denn der Schmerz wird größer, je öfter sich eine Person gegen uns versündigt. Auf die eine oder andere Art ist immer eine Form von Schmerz involviert. Einer Person also zu vergeben, ihre Schuld auszulöschen und sie regelmäßig vom Haken zu lassen, würde jedes Mal noch mehr Schmerzen verursachen. Meistens würden wir die Person dann irgendwann nach dem zweiten oder dritten Mal zur Rechenschaft ziehen und die Freundschaft wäre vorbei. Als Petrus sich also danach erkundigte, ob es denn genügen würde jemandem siebenmal zu vergeben, dachte er wohl, dass dies sehr fromm von ihm sei. In Wahrheit hatte er jedoch überhaupt nichts verstanden. Denn die Gnade, Barmherzigkeit und Vergebung, von der Jesus sprach, war von einer ganz anderen Dimension.

BARMHERZIGKEIT LIEBEN

Um aufzuzeigen was Jesus meinte, möchte ich zunächst einmal Micha 6,8 etwas genauer unter die Lupe nehmen. Viele Menschen haben Schilder mit diesem Vers bei sich zuhause an der Wand hängen.

„Er hat dir gezeigt, oh Mensch, was Ihm wohlgefällig ist; und was der Herr von dir erwartet: In Gerechtigkeit zu handeln, Barmherzigkeit zu lieben und in Demut mit deinem Gott zu wandeln." (Direkt aus dem Englischen übersetzt.)

Barmherzigkeit zu lieben! Barmherzig zu sein, bedeutet ein Herz zu haben, das es liebt, den Schuldigen freizusprechen. Das ist wahre Vergebung. Es ist Gottes Wunsch, dass wir es *lieben* zu vergeben. Es soll nicht etwas sein, das wir tun müssen, sondern etwas, das wir gerne tun. Gott möchte, dass wir ein Herz haben, das es *liebt* zu vergeben.

Denn wenn wir etwas lieben, dann werden wir es auch immer tun wollen. Wir werden jede Gelegenheit wahrnehmen, die sich uns anbietet, um zu vergeben. Darüber hinaus werden wir uns nach Gelegenheiten dafür umschauen. Als Petrus also danach fragte, wie oft er seinem Bruder vergeben müsste, der gegen ihn gesündigt hat, sagte er eigentlich: „Das ist harte Arbeit. Ich mag das nicht und finde die ganze Sache viel zu schwierig. Ich will nicht vergeben." Aber *Jesu* Antwort darauf war: „Petrus, du hast keine Ahnung was Vergebung wirklich ist."

Also erzählte Jesus eine Geschichte, um Petrus den Unterschied zu zeigen. Das ist ein Punkt, den wir sehr oft übersehen. Petrus wusste nicht, was wahre Vergebung war. Er dachte, es ginge darum mit menschlicher Entschlossenheit zu handeln, entgegen unserem *eigentlichen* Willen. Ich habe schon oft mit Menschen gesprochen, die mir sagten: „Jemand hat mir dieses oder jenes angetan und ich kann mir vorstellen, dass ich ihm für den Rest meines Lebens vergeben muss." Ja, da gibt es einen Prozess der Vergebung. Der mit meinem Vater dauerte sechs Monate lang an. Ich sage hier also nicht, dass es keinen Prozess gibt, denn den gibt es auf jeden Fall. Also begann der Herr mich durch die nächsten neun Verse in Matthäus zu führen, damit ich meinem Vater so vergeben konnte, wie Er das für mich wollte. Denn Er möchte, dass wir über die Entscheidung zu vergeben hinausgehen und zu dem Punkt kommen, wo wir in Liebe vergeben können und von dort aus an den Punkt, an dem wir es *lieben* zu vergeben.

Dem Großteil der Gemeinde heutzutage wurde jedoch gelehrt, dass Vergebung ein reiner Willensakt ist. Doch Jesus stimmt mit dieser Lehre nicht überein. Er sagt vielmehr, dass wahre Vergebung unser Herz betrifft.

VERGEBUNG IST DAS AUSLÖSCHEN VON SCHULD

Als Jesus erkannte, dass Petrus Vergebung lediglich als ein hartes Gebot sah, das er niemals erfüllen konnte, erzählte Er ihm die folgende Geschichte. Diese sollte Petrus erklären, wovon Jesus wirklich sprach und ihn letztendlich in die Vergebung hineinführen, die aus seinem Herzen kommt. Ich fasse die Geschichte hier einmal wie folgt zusammen:

Es war einmal ein König, dessen Diener eine beeindruckende Summe Geld des Königs veruntreut hatte. Ob er es verspielte, es falsch investierte, oder es einfach alles ausgab, es war auf jeden Fall weg. Als seine Tat bekannt wurde, bettelte er den König an, ihm zu vergeben. Der König wiederum vergab ihm und löschte seine Schuld aus. Derselbe Diener wiederum machte sich auf und traf kurz darauf jemanden, der ihm eine kleine Summe Geld schuldete. Dieser Mann bat ebenfalls um Vergebung, aber der Diener dem vergeben worden war, wollte dieser Person seine Schuld nicht erlassen und ließ ihn stattdessen solange in den Kerker werfen, bis er alles zurück bezahlt hatte. Die Geschichte machte wiederum die Runde und kam dem König zu Ohren. Dieser rief seinen Diener wieder zu sich und sagte zu ihm: „Ich habe dir dies alles vergeben und du konntest solch eine kleine Schuld nicht erlassen?" Deshalb ließ der König ihn ebenfalls in den Kerker werfen, wo der Diener seine Zeit in Qualen verbrachte.

Das ist die Geschichte. Im Vers 34 lesen wir: „*Und in seinem Zorn übergab ihn der Herr den Folterknechten, bis er die ganze Schuld bezahlt habe.*" Dann äußerte Jesus eine der wahrscheinlich erschreckendsten Aussagen des gesamten Neuen Testaments: „*Ebenso wird mein himmlischer Vater jeden von euch behandeln, der seinem Bruder nicht von ganzem Herzen vergibt.*" In anderen Worten, wenn wir nicht von Herzen vergeben, werden wir unsagbare Qualen erleiden. Jesus verfolgte also eine klare Absicht, als er diese Geschichte erzählte. Er möchte uns lehren, wie wir wirklich von Herzen vergeben können.

Wir müssen letztendlich alle an den Punkt kommen, wo *wir von Herzen vergeben.* Die Wahrheit ist, *unser Wille ist kein Teil unseres Herzens.* Wir haben einen Willen, aber wir *sind* unser Herz. Wir wissen das, weil eine Person ihren Willen kontrollieren kann. Wir können uns vornehmen unseren Willen für eine bestimmte Sache einzusetzen oder es eben auch *nicht* tun. Darum leben viele Menschen, welche zwar eine Entscheidung getroffen haben zu vergeben, aber noch nicht von Herzen vergeben haben, noch immer in einem Zustand der inneren Qualen, während sie nach wie vor davon überzeugt sind: *„Das kann ja nichts mit Vergebung zu tun haben, da ich ja bereits vergeben habe. Ich habe die Entscheidung getroffen, also ist die ganze Sache für mich erledigt. Die Probleme in meinem Leben können also nichts mit Vergebung zu tun haben, da ich ja bereits, so wie es mir beigebracht wurde, vergeben habe."* In Wirklichkeit aber *ist* Vergebung noch immer das Problem, dem sie sich aber nicht stellen können, weil sie davon überzeugt sind, dass dieses Thema in ihrem Leben bereits abgeschlossen ist.

Kehren wir nun zu der Geschichte zurück, durch die der Herr mich Vers um Vers führte, damit ich meinem Papa von Herzen vergeben konnte. Jesus sprach:

„Mit dem Himmelreich ist es deshalb wie mit einem König, der beschloss, von seinen Dienern Rechenschaft zu verlangen."

Als ich diesen Vers las, sprach der Herr klar und deutlich zu mir: *„James, versetze dich selbst in die Rolle des Königs, wenn du diese Geschichte liest."* Dieser König musste jemandem vergeben und um zu verstehen wie das funktioniert, müssen wir selbst in die Rolle des Königs schlüpfen.

Als ich mich also in die Rolle des Königs hineinversetzte, wurde mein Vater zum Diener, der so viel von mir gestohlen hatte. Der König in der Geschichte entschied sich, aus irgendeinem uns unbekannten Grund, alle Konten in seinem Reich auszugleichen. Er wollte in Ordnung bringen was nicht rechtens war und alle versteckten Dinge aufdecken und begleichen. Denn es war seine Absicht, sein Königreich gerecht zu regieren.

Während wir hier nun diese Geschichte lesen, können auch wir uns in die Rolle des Königs hineinversetzen und beten: „Herr, ich möchte, dass all meine offenen Rechnungen beglichen werden. Wenn es irgendwelche Dinge gibt, die noch nicht wirklich vergeben sind, zeige sie mir bitte. Wenn ich mich selbst getäuscht habe oder nicht dazu in der Lage war, die Wahrheit zu sehen, würdest du mir das bitte zeigen, Herr, so dass ich diese Dinge, hier und heute anpacken kann? Herr, ich möchte, dass all meine Rechnungen beglichen werden."

Wir lesen weiter: *„Als er mit der Abrechnung begann, brachte man einen zu ihm, der ihm zehntausend Talente schuldig war."* Diese Summe entspricht heutzutage, umgerechnet, ungefähr hundert Millionen Euro! Das zeigt uns, dass dieser Diener wahrscheinlich ein enger Vertrauter war, der eine einflussreiche Position im Königreich innehatte.

Die schlimmsten Sünden, welche uns am meisten verwunden, werden gewöhnlich von den Menschen begangen, die uns nahe stehen und denen wir Vertrauen entgegengebracht haben. Wenn jemand, allgemein gesprochen, uns etwas antut, dem wir nicht vertrauen, bestätigt dies nur unsere Erwartungen. Aber wenn wir der Person vertraut haben, verursacht das eine viel schmerzlichere Wunde. Und dieser Mann lag dem König am Herzen. Er brachte ihm Vertrauen entgegen und musste dann feststellen, dass der Diener ihn bestohlen hatte.

Das ist der Grund, warum es so weh tut, wenn jemand gegen uns sündigt. Denn wenn jemand gegen uns sündigt, dann wird uns immer etwas weggenommen aus unserem Leben. Wir werden beraubt.

Man muss nicht sehr lange im geistlichen Dienst sein, bis man bemerkt, dass gegen manche Leute auf abscheuliche Art und Weise gesündigt wurde. Der Schaden, der in ihrem Leben, aufgrund der Sünde eines anderen Menschen, angerichtet wurde, kann verheerende Auswirkungen mit sich bringen. Denn wann immer sich jemand gegen uns versündigt, wird uns auch immer etwas weggenommen aus unserem Leben.

Denise und ich dienten einmal einer dreiundachtzig Jahre alten Frau in Minnesota, die im Alter von drei Jahren vergewaltigt worden war. Allerdings dachte sie nicht, dass der Grund, warum sie uns aufsuchte irgendetwas damit zu tun haben könnte. Ihr Problem war, dass sie fünfmal verheiratet gewesen und jedes Mal von ihren Ehemännern verlassen worden war. Sie hatte jeden einzelnen dieser Männer geliebt und die wiederholte Ablehnung hatte ihr das Herz gebrochen. Alle Männer hatten jedoch denselben Trennungsgrund angegeben. Nämlich, dass sie unfähig gewesen sei ihnen eheliche Zuneigung zu schenken. Als wir ihre Geschichte hörten, fanden wir heraus, dass sie als dreijähriges Mädchen vergewaltigt worden war. Allerdings konnte sie nicht sehen, was für uns so offensichtlich war. Nämlich, dass ihre Eheprobleme eine Frage von Ursache und Wirkung waren und dass sie nach wie vor unter den Folgen ihres Kindheitstraumas litt.

Was ihr im Alter von drei Jahren angetan wurde, zerstörte etwas von ihrer Weiblichkeit. Sie verlor die Fähigkeit sich in Freiheit und Liebe zu öffnen und die Intimität einer gesunden Beziehung zu genießen. All das wurde ihr gestohlen. Erst später begann ich zu realisieren, dass ihr noch viel mehr gestohlen wurde als ihre Weiblichkeit. Die Erfahrung einer glücklichen Ehe und Mutter zu sein wurde ihr ebenfalls gestohlen und so auch die Chance jemals Großmutter zu werden. All die Vorteile die eine stabile Ehe im Laufe der Zeit mit sich bringt, wurden ihr gestohlen. Sie war dreiundachtzig Jahre alt und hatte keines dieser Dinge. Denn sie wurden ihr gestohlen als sie drei Jahre alt war.

Also legte ich meine Arme um sie und bat den Vater, dass Er kommen würde, um Seine Liebe in den Teil ihres Herzens auszugießen, der immer noch drei Jahre alt war und dass Er die Wunde heilen würde. An diesem Tag geschah ein Wunder, als diese ältere Dame auf einmal anfing wie ein dreijähriges Mädchen zu kichern. Sie kicherte unkontrollierbar aus lauter Freude. Dann hörte sie auf einmal auf und schaute uns mit einem sehr ernsten Ausdruck im Gesicht an, als sie uns fragte: „Warum brauchte Gott so lange um mich zu heilen?" Ich hatte keine Antwort auf diese Frage und alles was mir einfiel war: „Nun, ich schätze mal, besser spät als nie:" Als sie das hörte, fing sie wieder an zu kichern: „Ja, besser spät als nie!" Sie war glücklich über diese Antwort und war geheilt.

Die Wahrheit ist, dass Leute *immer* etwas von uns stehlen, wann immer sie gegen uns sündigen.

Wenn wir aber nicht verstehen, was uns gestohlen wurde, können wir auch nicht die Schuld erlassen.

Viele Leute begnügen sich mit einer schnellen und oberflächlichen Entschuldigung, wenn sie etwas verbrochen haben: „Bruder, es tut mir leid. Bitte vergib mir." Denn wir wissen, dass man sich als Christ nun mal entschuldigen sollte, wenn man etwas verbrochen hat! Und die christliche Reaktion darauf, sollte natürlich lauten: „Ja, natürlich vergebe ich dir." Und dann nehmen wir an, dass sich die ganze Sache damit einfach erledigt hat. Tatsächlich fand in der Beziehung in den meisten Fällen jedoch keine Heilung statt. Weil wir die Worte der Vergebung ausgesprochen haben, können wir auch nicht wirklich sehen, warum trotzdem keine Wiederherstellung der Beziehung zustande kommt. Aus diesem

Grund existieren im Leib Christi so viele oberflächliche Beziehungen, aufgrund von Herzenswunden, die nie geheilt wurden. *Denn wenn wir nicht verstehen, was uns gestohlen wurde, können wir auch nicht die Schuld erlassen.* Im Fall unserer Geschichte, wurden dem König zehntausend Talente gestohlen und um vergeben zu können, musste er die Schuld der entsprechenden Summe von ungefähr hundert Millionen Euros erlassen. Ich würde sagen, das ist eine ganze Menge Geld.

HERZENSVERGEBUNG KOSTET UNS ETWAS

Nehmen wir folgende Situation an, um die ganze Sache zu veranschaulichen. Ich laufe eines Tages am Haus eines Freundes vorbei und entscheide mich dafür, 20 Euro von ihm auszuleihen. Es ist zwar niemand zuhause, allerdings steht die Tür weit offen und der Geldbeutel liegt auf dem Tisch. Also schaue ich mir seinen Inhalt an und rede mir ein: „Wenn er zuhause wäre, würde er mir das Geld sicher geben, immerhin ist er mein Freund. Ich nehme es mir einfach." Ich stecke das Geld also einfach ein und gebe es alles aus.

Als mein Freund später nach Hause kommt, bemerkt er sofort, dass 20 Euro fehlen. Also denkt er sich: „Jemand muss sie gestohlen haben. Ich hätte wohl die Tür nicht offen stehen lassen sollen." Am nächsten Tag spricht jedoch der Heilige Geist zu mir und es wird mir bewusst, dass ich gesündigt habe. Immerhin war dies kein Kredit und ich habe das Geld tatsächlich gestohlen. Also gehe ich zu meinem Freund und sage zu ihm: „Bruder, es tut mir leid, aber gestern, als du nicht da warst, kam ich zu deinem Haus und nahm 20 Euro aus deinem Geldbeutel. Ich habe es ausgegeben und es ist alles weg. Kannst du mir vergeben?"

Nun hat er die Qual der Wahl und diese Entscheidung wird auch emotional beeinflusst sein, da normalerweise auch eine emotionale Verbindung zu unseren Besitztümern besteht. Um diese 20 Euro nun loslassen zu können, muss mein Freund mir auch die Schuld erlassen. Wenn er sie mir nicht vergibt, dann muss ich ihm das Geld zurückzahlen. Denn nicht zu vergeben heißt, dass der Sünder die volle Wiedergutmachung leisten muss. *Vergebung wiederum erlässt die Schuld.* Doch was Vergebung für uns so schwierig macht, ist die Tatsache, dass der Unschuldige dabei für den Schuldigen bezahlt. Das war schon immer so und wir sehen das vor allem im Leben von Jesus. Seine Vergebung denen gegenüber, die gegen Ihn sündigten, kostete Ihm das Leben! Darum widerstreben Vergebung und Barmherzigkeit unserem Gerechtigkeitssinn. In diesem Fall würde es ihn 20 Euro kosten, um mir zu vergeben.

Das wundervolle an der Vergebung ist, dass sie uns mehr wie Jesus werden lässt, umso öfter wir sie praktizieren. Denn wenn wir jemandem seine Schuld erlassen und für die Sünden einer anderen Person bezahlen, bringt uns das Jesus näher und wir werden Ihm immer ähnlicher.

Vielleicht könnte man jetzt sagen: „Was sind schon 20 Euro zwischen James und mir? Er ist kein so schlechter Kerl und hat einfach einen Fehler begangen. Okay, ich erlasse ihm diese Schuld." Also spricht man dann die Worte der Vergebung aus, und ich gehe meines Weges und muss die Schuld niemals zurückzahlen.

Ändern wir aber die Geschichte einmal ein wenig ab. Als ich dieses Mal das Haus meines Freundes betrete und den Geldbeutel öffne, um die 20 Euro herauszunehmen, bemerke ich, dass sich auch eine VISA Karte darin befindet. Und was noch besser ist, die PIN Nummer dafür wurde aus Versehen weiter hinten im Geldbeutel gelassen. Also nehme ich mir den 20 Euro Schein und die VISA Karte, gehe zur Bank, hebe 1000 Euro vom Bankkonto meines Freundes ab und bringe die Karte dann zurück, bevor er es überhaupt bemerkt. Zusätzlich stecke ich die 20 Euro ein und gebe dann das gesamte Geld aus. 1020 Euro sind also einfach weg. Am nächsten Tag fühle ich mich zwar ziemlich schuldig, aber wenn mein Freund am Abend nach Hause kommt und die VISA Karte in seinem Geldbeutel vorfindet, wird er lediglich die 20 Euro vermissen. Die fehlenden 1000 Euro werden aber bis zur Überprüfung der monatlichen Abrechnung nicht auffallen.

Als dann am nächsten Tag der Heilige Geist zu mir spricht, gehe ich wieder zu meinem Freund und sage zu ihm: „Bruder, es tut mir so leid, aber ich habe gestern etwas Geld von dir gestohlen. Kannst du mir vergeben?" Man bemerke, dass ich keine Details nenne und die VISA Karte überhaupt nicht erwähne, so dass mein Freund annimmt wir würden hier lediglich über 20 Euro sprechen. In Wirklichkeit habe ich jedoch 1020 Euro von ihm gestohlen und bitte ihn um Vergebung für die gesamte Summe. Ich sage also zu ihm: „Bruder, ich habe gestern Geld von dir gestohlen. Kannst du mir vergeben?" Und er sagt wieder: „Was sind schon 20 Euro zwischen James und mir? Okay James, ich vergebe dir."

Die Frage ist, wurde mir vergeben? Nein, mir wurde *nicht* vergeben. *Denn wir können nicht vergeben, wenn wir nicht wissen, was uns genommen wurde!* Vielleicht wurde mir für die 20 Euro vergeben, aber sobald dann die VISA Rechnung kommt, muss derjenige gegen den ich gesündigt habe, den ganzen Prozess noch einmal durchleben. Natürlich wird er emotional viel stärker in Bezug auf die 1000 Euro reagieren, als er es auf die 20 Euro getan hätte, denn diese Summe macht wirklich einen Unterschied in seinem Leben. Vielleicht waren die 1000 Euro für eine Urlaubsreise oder eine andere wichtige Sache gedacht. Immerhin sind 1000

Euro keine kleine Summe. Es fällt ihm viel schwerer mir diese hohe Summe zu vergeben. *Deshalb müssen wir verstehen, dass viele von uns niemals wirklich in Betracht gezogen haben, was uns eigentlich gestohlen wurde, als wir jemandem unsere Vergebung aussprachen.*

Ich entdeckte diese Wahrheit, als der Herr mich durch den Prozess der Vergebung in Bezug auf meinen Vater führte. Denn als ich die Worte der Vergebung, zusammen mit dem Ältesten in der Gemeinde ausgesprochen hatte, waren unsagbar viele und schmerzvolle Emotionen in mir aufgewühlt worden. Als ich nun aber diese Worte las, begann der Herr mir bewusst zu machen, was es mich tatsächlich gekostet hat, dass mein Vater nicht fähig war, der Vater zu sein den ich gebraucht hätte.

So begann ich zu verstehen, dass mein Vater in der Hitze eines Streites einfach hätte sagen können: „Sohn, ich will mich nicht mit dir streiten. Ich hab' dich lieb. Du bist ein guter Junge. Du hast einen klaren Verstand. Ich mag dich. Du bist mein Sohn." Das hätte wirklich einen großen Unterschied gemacht. Aber stattdessen musste er mich einfach immer so lange sticheln, bis mir die Sicherungen durchbrannten.

Manchmal schaue ich mir die alten Familienbilder aus meiner Jugendzeit an und mir fällt dann jedes Mal auf, dass auf jedem einzelnen Bild, ohne Ausnahme, mein Gesicht von meinem Vater abgewandt ist. Wenn ich mir weiterhin mein Gesicht in diesen alten Bildern anschaue, wird mir jedes Mal zum Heulen zumute. Ich war ein armes, zerbrochenes Kind. Wenn mein Vater einfach in der Lage gewesen wäre, mir im Vorbeigehen die Hand auf die Schulter zu legen, dann hätte das schon allein einen riesigen Unterschied in meinem Leben gemacht. Oder wenn er mir einfach nur einziges Mal hätte sagen können, dass er mich lieb hat, oder sich mit mir hingesetzt und mich gefragt hätte: „Sohn, wie war dein Tag heute?" Mein Vater war kein schlechter Vater gewesen, aber er war während des Zweiten Weltkriegs extrem geschädigt worden. Wenn er in der Lage gewesen wäre, ein besserer Vater zu sein, dann hätte auch ich ein besseres Leben führen können. Mein Vater war nie physisch gewalttätig, aber seine Worte waren gemein und schneidend. Ich begann zu erkennen, was es mich gekostet hatte, weil mein Vater der Mann war der er war und ich wurde wirklich, wirklich zornig.

MEIN VATER KONNTE NICHT BEZAHLEN

Als Gott mich durch diesen Prozess führte und ich mir über den Preis der Vergebung bewusst wurde, gab es Zeiten in denen ich einfach in das nächste Flugzeug steigen und nach Hause fliegen wollte. Denn ich war manchmal so zornig auf meinen Vater, dass ich ihm am liebsten einen Kinnhaken verpasst hätte. Es schockierte mich, dass sich so viel Zorn in meinem Herzen angestaut hatte. Ich fühlte mich so zerbrochen, als mir klar wurde, was es für mich bedeutet hatte, dass mein Vater nicht der Vater sein konnte, den ich gebraucht hätte.

Dies war natürlich alles in Übereinstimmung mit Matthäus 18, Vers 24: *„Weil er aber das Geld nicht zurückzahlen konnte (der Mann der zehntausend Talente gestohlen hatte), befahl der Herr, ihn mit Frau und Kindern und allem, was er besaß, zu verkaufen und so die Schuld zu begleichen."* Und auch ich wollte, dass mein Vater bestraft wurde. Unvergebenheit besteht immer darauf, dass die andere Person bezahlen muss für das, was sie getan hat. Die Worte die mir jedoch aus diesem Abschnitt förmlich entgegen sprangen waren: *„Weil er aber das Geld nicht zurückzahlen konnte."* Dieser Mann hatte eine enorme Summe Geld gestohlen und hatte es alles verschwendet. Er konnte es nicht zurückzahlen.

Während die Wochen vergingen, kamen mir diese Worte immer wieder in den Sinn: *„Weil er aber das Geld nicht zurückzahlen konnte."* Und dann begann der Herr mich an Dinge zu erinnern, die ich über meinen Vater gehört hatte – von Leuten die mit ihm im Krieg waren, von meinen Onkeln und Tanten. Auf einmal begann ich sein Leben aus einer ganz anderen Perspektive zu sehen. Ich erinnerte mich zum Beispiel daran, wie meine Tanten (seine Schwestern) über ihn stets in einem spöttischen Tonfall sprachen. Weiterhin musste mein Vater sein Zuhause mit 16 Jahren verlassen. Er wurde zu einer für die damaligen Verhältnisse weit entfernten Stadt geschickt und durfte nur einmal im Jahr nach Hause kommen. Er wohnte bei einer älteren Frau in der Nähe seiner Arbeitsstelle und arbeitete in einem Beruf, den er hasste und auch zuhause hatte er nichts, das ihn im Entferntesten interessierte. Bei seinen jährlichen Besuchen wurde er von seiner Mutter mit einem Handschlag begrüßt und eine Woche später auf dieselbe Weise wieder verabschiedet. Jahre später erzählte er mir dann, dass meine Mutter die einzige Person gewesen war, die jemals zu ihm gesagt hatte: „Ich liebe dich."

Als mein Vater siebzehn Jahre alt war, brach der Zweite Weltkrieg aus. Er ließ sich in die Armee einschreiben, durchlief eine Blitzausbildung und wurde sofort an die Front auf die Pazifikinseln entsandt. Dann wurde er nach Ägypten geschickt und nahm am Vorstoß der Alliierten durch Italien teil, wo er bis zum Ende des Krieges stationiert blieb. Er berichtete einmal wie einer seiner besten Freunde, direkt vor seinen Augen von einem Panzergeschoss getötet wurde. Ich erinnere mich noch genau an seine Worte: „Wir haben noch nicht einmal einen Fetzen seiner Kleidung gefunden." Er war ein Beobachter für die schwere Artillerie, zur

Bestimmung feindlicher Positionen und dem Heranführen der Artilleriegeschosse. Die meiste Zeit sahen seine Kameraden und er nicht worauf sie geschossen hatten, aber eines Tages reisten sie durch ein Dorf das komplett von ihnen ausgelöscht worden war. Er sah die verstreuten Körperteile der Frauen und Kinder auf der Straße. Es war kein einziger Mann oder feindlicher Soldat unter den Getöteten – nur Frauen und Kinder! Mein Vater war zum damaligen Zeitpunkt neunzehn Jahre alt und er war derjenige gewesen der die Granaten auf das Dort gelenkt hatte.

Ich denke oft daran, wie ich mich an diesem Tag gefühlte hätte, wenn ich Gott gewesen wäre und in das Herz meines Vaters hätte blicken können. Ich denke ich wäre zornig auf die Situation gewesen und hätte Bedauern gegenüber meinem Vater verspürt, als er sah was seine Hände angerichtet hatten. Mein Vater kam aus dem Krieg zurück und wollte geliebt werden. Also heiratete er sehr schnell meine Mutter und sie hatten innerhalb kürzester Zeit drei Kinder. Er begann so viel Alkohol zu trinken, wie er konnte, weil er nicht mit den Emotionen und Erinnerungen, die ihn plagten, umgehen konnte. Mein Vater stritt sich innerlich, aufgrund der Ungerechtigkeit seines Lebens, mit der gesamten Welt. Das Resultat war, dass für ihn alles, aufgrund der tiefen Unzufriedenheit die er verspürte, zu einem Streit ausartete. Er hatte drei Kinder, die seiner Liebe bedurften. Aber er hatte keine Liebe, die er weitergeben konnte!

Dann las ich diese Worte: *„Weil er aber das Geld nicht zurückzahlen konnte."* Da verstand ich, dass mein Vater nicht dazu in der Lage gewesen war, ein Vater zu sein. Er hatte keine Liebe die er hätte weitergeben können und er konnte deshalb nicht bezahlen was er mir schuldete.

WIR KÖNNEN NICHT WEITERGEBEN, WAS WIR SELBST NICHT HABEN

Wir müssen verstehen, dass wir nicht weitergeben können, was wir selbst nicht haben– und doch glauben wir manchmal, es wäre alles so einfach und beklagen uns: „Warum können sie dieses oder jenes nicht einfach tun? Es ist doch so einfach." Aber wenn wir etwas noch nie empfangen haben, dann ist das alles gar nicht so einfach. Mein Vater hörte niemals die Worte „Ich liebe dich." Er hatte nie einen Vater gehabt, der ihm die Hand auf die Schulter legte und sagte: „Ich bin so stolz auf dich, Sohn." Alles was er in seinem Herzen hatte, war seine Zwietracht mit der Welt. *Er konnte nicht bezahlen.* So begann ich meinen Vater einfach nur als ein weiteres menschliches Wesen zu sehen, dem unglaubliches Leid widerfahren war – jemanden der, wie ich, unvollkommen war und mit vielem, das in sein Leben kam, nicht umzugehen wusste.

„Der Herr hatte Mitleid mit dem Diener, ließ ihn gehen und schenkte ihm die Schuld." (Vers 27).

Der Herr *hatte Mitleid.* Als ich sah, dass mein Vater nicht die Mittel hatte, mir zu geben was ich brauchte, hatte ich zum ersten Mal in meinem Leben Mitleid mit ihm. Denn ich hatte mir diese Dinge noch nie aus seiner Perspektive angesehen und glaube, dass meine Einstellung ihm gegenüber eine ganz andere gewesen wäre, wenn ich all die Dinge, die meinem Vater in seinem Leben widerfahren waren, von Gottes Perspektive aus gesehen hätte.

DER WAHRE DIEB

Es gibt einen Feind unserer Seelen. Dieser Feind kommt um zu stehlen, zu töten und zu zerstören. Aber er kommt nicht um dein

Auto zu stehlen und er kommt auch nicht um deinen Fernseher oder etwas in der Art zu zerstören. Stattdessen kommt er, um deine Persönlichkeit zu zerstören. Er kommt um alles in dir zu zerstören was gut ist, alles Heilige, alles Gütige, alles Angenehme und alles Sanfte. Er kommt um alles zu zerstören, was auch nur die geringste Spur von Gott enthält.

Als Christen haben wir einen Schild des Glaubens, um die feurigen Pfeile dieses Feindes abzuwehren. Ich gelangte zu der Einsicht, dass mein Vater nie einen solchen Schild besessen hatte und deshalb von all den feurigen Pfeilen getroffen wurde, die in seine Richtung geschossen wurden. Satan ist völlig skrupellos. Er hält sich nicht zurück und kennt keine Grenzen, wenn es um das Böse geht, das er einer Person antut. Sein Angriff richtet sich gegen das reinste und unschuldigste kleine Kind mit den schrecklichsten Dingen, die man sich nur vorstellen kann. Deshalb attackierte er meinen Vater vom Tag seiner Geburt an, ja, sogar noch vor seiner Geburt, um es genau zu nehmen. Auch wir wurden, durch jeden, der uns jemals verletzt hat, von ihm angegriffen. Unser Vater und unsere Mutter wurden von ihm ebenfalls, auf eine Weise angegriffen, die wir niemals verstehen werden. Auch sie wurden beraubt und konnten nicht die Personen sein, die sie in ihren Träumen immer sein wollten. Ihnen wurde die Fähigkeit genommen, die Eltern zu sein, die wir benötigt hätten.

Also begann ich das Leben meines Vaters besser zu verstehen und zu sehen, dass er, genauso wie ich, ein ganz normaler Mann war – im Kampf mit den Problemen dieser Welt stehend – und dass er sein Bestes versucht hatte. Er war einfach nicht in der Lage, das zu sein, was ich gebraucht hätte. Zum ersten Mal in meinem Leben, fühlte ich Mitleid mit ihm und zum ersten Mal in meinem Leben betete ich für meinen Vater. Das Gebet hörte sich ungefähr folgendermaßen an:

„Herr, ich möchte, dass mein Vater gesegnet ist. Ich möchte, dass er glücklich ist. Ich möchte nicht, dass er diese Schuld weiterhin mit sich herumträgt. Ich möchte nicht, dass es ihm weiterhin an Liebe mangelt. Ich möchte nicht, dass er weiterhin allein ist. Ich möchte, dass er weiß, dass er geliebt ist. Ich will, dass er Vergebung erfährt für die Dinge, die sein Gewissen plagen und für all die Geschehnisse des Krieges, die ihn so verstört haben. Ich will nicht, dass er dies weiterhin mit sich herumträgt. All diese Dinge sind der Grund dafür, dass er so viel Alkohol getrunken hat, nur um sein Herz zum Schweigen zu bringen. Herr, ich bitte dich, dass du ihm für all diese Dinge vergibst, so dass er sie niederlegen und zurücklassen kann und endlich frei ist. Herr, würdest du ihm für seine Sünden vergeben, könntest du ihm einfach für alles vergeben? Ich will noch nicht einmal, dass er sich noch schuldig dafür fühlt, wie er als Vater mir gegenüber versagt hat, weil dies nur die Probleme in seinem Leben vergrößern würde. Ich will, dass er frei ist von den Gefühlen des Versagens, als ein Mann, als ein Vater, als ein Ehemann. Ich möchte, dass er frei ist! Herr, ich will, dass er gesegnet ist. Herr, ich vergebe ihm von ganzem Herzen. Würdest Du ihm vergeben?"

Als ich dieses Gebet betete, bemerkte ich auf einmal, dass ich wirklich um *seinetwillen* wollte, dass er Vergebung erfuhr. Denn er trug so viel Ballast mit sich herum, und *ich wollte so sehr, dass er Freiheit erfahren würde*. Denn mit dieser Art der Vergebung, *lieben wir es zu vergeben*. Aber als ich meinem Vater von ganzem Herzen vergab, geschah etwas Außergewöhnliches, mit dem ich nicht gerechnet hatte.

Auf einmal fühlte ich mich unglaublich leer. Ich fühlte mich so allein und verletzlich in meinem Herzen, schutzlos wie ein kleines Kind. Denn wenn wir nicht von Herzen vergeben, dann halten wir an der Person fest, die uns etwas schuldet. Wenn wir sie dann gehen lassen, fühlen wir uns einfach nur leer.

Also vergab ich meinem Vater und erließ ihm die Schuld und entließ ihn von allen Verpflichtungen, die er als Vater mir gegenüber hatte und von all dem, was er mir niemals sein konnte. Ich hörte damit auf, Dinge von ihm zu erwarten, weil diese Erwartungen nur eine weitere Last auf seinen Schultern gewesen wären. Ich ließ die Hoffnung gehen, dass er eines Tages Wiedergutmachung leisten würde. Da fühlte ich mich auf einmal vollkommen leer und total allein. Ich fühlte mich wie ein kleiner, schutzloser Junge.

Doch in dem Moment als ich von diesem Gefühl überwältigt wurde, hatte ich auf einmal eine seltsame Vision. Ich stand in dieser Vision, als Lehrer, vor einer Klasse von ungefähr dreißig Kindern und brüllte diese Zwölfjährigen an: „Wer wird mir jetzt ein Vater sein?" Die Kinder schauten mich ganz verdutzt an. Sie waren ja selbst nur Kinder. Wie konnten sie in irgendeiner Form eine Elternrolle in meinem Leben einnehmen? Ich aber brüllte immer wieder: „Wer wird mir jetzt ein Vater sein?" Aber die Schüler hatten natürlich keine Ahnung, was sie antworten sollten. Dann bemerkte ich, rechts hinter ihnen, am anderen Ende des Klassenzimmers, wie jemand auf einmal eine Hand in die Höhe streckte. Als ich über die Köpfe der Kinder hinwegsah, erkannte ich, wie unser himmlischer Vater dort am Boden saß und sich gegen die Wand lehnte. Alles was Er zu mir sagte, war: „James, ich werde dir ein Vater sein."

Herzensvergebung geschieht, wenn unser Herz die Person, die uns verletzt hat, loslässt, sie freisetzt, und sie gehen lässt. Wenn aber unser Herz mit jemandem in Unvergebenheit verbunden ist, dann ist es nicht wirklich frei, sich mit unserem himmlischen Vater zu verbinden. Gott möchte jedoch, dass wir Ihn, Herz zu Herz, als unseren Vater kennen. Wenn wir unsere Mutter oder unseren Vater von Herzen loslassen, dann ist unser Herz frei, sich mit unserem himmlischen Vater zu verbinden, der sagt: *„Dann will ich euch aufnehmen und euer Vater sein, und ihr sollt meine Söhne und Töchter sein."* (2 Korinther 6,17-18.) Auch du hast einen himmlischen Vater, der möchte, dass du ihn auf eine ganz innige Art und Weise kennst. Vielleicht bist auch du noch immer in Unvergebenheit an deine Eltern gebunden. Nun ist es an der Zeit ihnen von Herzen zu vergeben und sie loszulassen.

KAPITEL 4

Das Herz der Sohnschaft

~

Was an jenem Morgen in der Kapelle vor sich ging, möchte ich nun zu Ende erzählen. Dies war ein Schlüsselerlebnis, um überhaupt die Liebe des Vaters empfangen zu können.

Als der Herr mir die erschütternde Frage stellte, wessen Sohn ich sei, verfolgte Er damit ein spezifisches Ziel. Im Grunde genommen fragte Er mich: „Wem warst du ein Sohn, wie mir Jesus ein Sohn war?" Diese eine Frage beinhaltete jedoch viel mehr, so dass ich für eine lange Zeit einfach nur dastand und nach passenden Worten suchte. Seine Frage hatte mich überrascht und ich musste erst einmal überlegen, wie ich sie am besten beantworten könnte. Mir gingen zwei gegensätzliche Dinge gleichzeitig durch den Kopf und ich versuchte eine Antwort zu finden, die beide Probleme lösen würde. Was sollte ich sagen? Es war ein intensiver Moment und ich wusste, dass der Herr die inneren Beweggründe meines Herzens, meines Verstandes und meiner Emotionen sehen konnte. Wie eine Taschenlampe erleuchtete Er mein Innerstes, um meine Reaktion auf Seine Frage zu sehen.

Das Erste, was mir auf die Frage, wessen Sohn ich sei einfiel, war es Gott einen bestimmten Namen zu nennen den Namen meines Vaters. Also wollte ich dem Herrn einfach antworten: „Ich bin Bruce Jordans Sohn." Doch sobald mir der Gedanke in den Sinn kam, wusste ich, dass ich das nicht wirklich sagen konnte, da ich vor langer Zeit aufgehört hatte, meinem Vater ein Sohn zu sein. Natürlich war ich noch immer sein leiblicher Sohn. Allerdings war ich nicht ein Sohn, wie Jesus ein Sohn gegenüber Seinem Vater war. Diese Antwort musste ich ganz schnell verwerfen und mir etwas Neues überlegen.

Die nächste Person, die mir in den Sinn kam, war ein Ältester der Gemeinde, in der wir zum Glauben kamen. Er war ein bemerkenswerter Mann gewesen. Sein Name war Ken Wright und er wandelte viele Jahre im Geist. Er war es auch, der mich getauft hatte. Ich erinnere mich, wie ich einmal einen Blick auf seinen Reiseplan für eine zweijährige Predigtreise werfen konnte, die rund um den Globus ging. In diesen zwei Jahren besuchte er über hundert Länder und blieb nirgends länger als vier Tage. Wenn er sprach, tranken wir regelrecht seine Worte und der Geist in ihm floss einfach über uns. Er hatte uns gegenüber ein väterliches Herz. Wir waren schwer von ihm beeindruckt.

Als der Herr mir die Frage stellte, wessen Sohn ich sei, kam es mir auf einmal in den Sinn, dass ich antworten könnte, dass ich Ken Wrights Sohn sei. In diesem Moment erkannte ich, dass ich auch dies nicht wirklich sagen konnte (obwohl ich mir so viel ich konnte von Ken angeeignet hatte) – ich hatte sicherlich nicht das Herz eines Sohnes ihm gegenüber. Jesus sagte einmal zu Seinem Vater: „Es ist meine Freude, Deinen Willen zu tun." Ich selber hatte jedoch nicht danach gestrebt, Ken gefallen zu wollen. Stattdessen nahm ich einfach alles, was er zu geben hatte, und behielt das, was mir gefiel. Ich sagte mir: „Das kann ich dem Herrn auch nicht als Antwort nennen. Wen sonst könnte ich nehmen? Ich kann nicht Bruce Jordan und auch nicht Ken Wright sagen. Von wem könnte ich also behaupten, sein Sohn zu sein?"

Der einzige, weitere Name, der mir in den Sinn kam, war der Name von Neville Winger. Wir nannten ihn „Onkel Nev". Er war Besitzer eines erfolgreichen Automobilunternehmens, das er verkauft hatte, um einen Bauernhof an der Küste Neuseelands zu erwerben. Es war ein alter, heruntergekommener Bauernhof, inmitten einer über dreihundertzwanzig Hektar großen Hügellandschaft mit einer schönen, aber schroffen Küstenlinie. Er zog dort mit seiner Frau Dot hin. Sie hatten ein Herz für junge Menschen und nahmen über viele Jahre hinweg Straßenkinder auf und kümmerten sich um sie. Nev wünschte sich auch ein Konferenz- und Erweckungszentrum für Neuseeland und kaufte diesen Bauernhof auch, damit sich diese Vision erfüllen konnte.

Er war ein außergewöhnlicher Mann, ein wahrer geistlicher Vater in unserem Land. Als ich ihn predigen hörte, spürte ich eine wirkliche Verbindung zwischen ihm und mir und ich wollte unbedingt die Bibelschule besuchen, die er gegründet hatte – was wir dann auch taten. Irgendwie hatte Nev, genauso wie Ken, etwas vom Herzen eines Vaters uns gegenüber. Er prophezeite ausführlich über uns und diese Prophetien sind selbst heute noch, Jahre später, nach wie vor relevant für unser Leben.

Also dachte ich mir, ich könnte zum Herrn sagen: „Ich bin Nev Wingers Sohn." Aber auch hier, unter Gottes Rampenlicht, realisierte ich, dass ich das nicht sagen konnte. Die Wahrheit war, dass ich ihm gegenüber nie ein Sohn in meinem Herzen gewesen war. Ich hatte immer nur von ihm genommen, aber nie irgendetwas gegeben. Einem wahren Sohn, wie Jesus, jedoch sind die Angelegenheiten seines Vaters wichtig. Mir waren die Angelegenheiten meines Vaters, von Ken Wright oder von Nev Winger jedoch nie wichtig gewesen. Ich hatte noch nicht einmal einen Gedanken daran verschwendet, wie ich ein Segen für diese Männer hätte sein können oder wie ich ihnen hätte helfen können. Stattdessen war mein Herz vollkommen verwaist. Ich begann mit dem Herrn zu ringen und mich in Seiner Gegenwart zu winden, anstatt Ihm einfach zu antworten: „Herr, ich bin niemandes Sohn und *ich möchte auch niemandes Sohn sein.*" Allerdings konnte ich dies nicht zugeben, weil sich noch etwas anderes in mir abspielte. Als ich mein Herz gegenüber meinem Vater verschlossen hatte, verlor ich auch das Herz eines Sohnes in mir.

DER GEIST DER SOHNSCHAFT

Was ist das Herz der Sohnschaft? Um das zu verstehen, beginnen wir zunächst einmal mit Galater 4,4:

„Als aber die Zeit erfüllt war, sandte Gott Seinen Sohn, geboren von einer Frau und dem Gesetz unterstellt, damit Er freikaufe, die unter dem Gesetz stehen, und damit wir die Sohnschaft erlangen."

Wenn wir die Wiedergeburt erfahren, werden wir als Söhne und Töchter Gottes adoptiert. Gott hört aber dort nicht auf, denn Adoption ist nur der erste Schritt. Deshalb schreibt Paulus auch weiter:

„Weil ihr aber Söhne seid, sandte Gott den Geist Seines Sohnes in unser Herz, den Geist, der ruft: Abba, Vater."

Weil du ein legitimes Kind Gottes bist, hat er den Geist seines Sohnes ausgegossen.

Ein adoptiertes Kind ruft nicht: „Abba! Vater!" Unser menschliches Herz ruft nicht: „Abba! Vater!". Es ist der Geist Seines Sohnes in uns, der ausruft: „Abba! Vater!"

Als ich mein Herz meinem irdischen Vater gegenüber verschloss, verlor ich das Herz eines Sohnes. Als dann der Heilige Geist in mein Herz ausgegossen wurde, konnte mein Herz nicht mit Seinem Geist übereinstimmen. Weil ich mein Herz verschlossen hatte, war der Heilige Geist nicht in der Lage Sohnschaft in mir hervorzubringen. Dies war der entscheidende Punkt, den der Herr mir aufzeigte, als Er mir diese Frage stellte. Denn Er suchte nach einem Herzen, das für Sohnschaft offen war.

Jesus erlebte dies bei Seiner Taufe. Als Gott über Ihm verkündigte: *„Dies ist Mein geliebter Sohn, an dem Ich Wohlgefallen habe"*, kam der Geist der Sohnschaft auf Ihn. Von diesem Augenblick an wurde Jesus vor der ganzen Welt als der Sohn Gottes proklamiert! Vor diesem Ereignis kannten Ihn alle lediglich als Jesus von Nazareth, der Sohn von Josef und Maria, aber nun wurde Er als der Sohn Gottes bekannt. Der Heilige Geist, der auf Jesus kam, ist derselbe Heilige Geist, der auch in uns Sohnschaft hervorbringt.

Leider haben viele Christen den Heiligen Geist zwar als den Geist der Adoption, jedoch noch nicht als den Geist der Sohnschaft erfahren. Als Resultat davon, können wir zwar mit dem Heiligen Geist erfüllt sein und doch noch nicht in der Erfahrung der Sohnschaft leben. Denn wenn der Heilige Geist in das Herz einer Person ausgegossen wird, die kein Herz der Sohnschaft gegenüber ihren Eltern besitzt, dann kann der Heilige Geist in dieser Person nicht die Funktion des Geistes der Sohnschaft erfüllen. *Denn der Heilige Geist muss in uns eine Übereinstimmung finden, um diese Erfahrung in unserem Leben real werden zu lassen.*

Als ich mein Herz verschloss, verlor ich das Herz eines Sohnes nicht nur meinem Vater gegenüber, sondern auch gegenüber allen anderen Vaterfiguren in meinem Leben – einschließlich gegenüber Gott.

DIE BEZIEHUNG MIT EINEM VATER

Das war mein großes Problem. Es gab zwar viele Menschen, die mit dem Herzen eines Vaters in mein Leben getreten waren, aber ich hatte keine Ahnung wie ich damit umgehen sollte. Ich wusste einfach noch nicht, dass wenn wir nicht das Herz eines Sohnes gegenüber unseren leiblichen Eltern besitzen, wir überhaupt kein Herz der Sohnschaft haben, und deshalb mit keinem Vater, *einschließlich* Gott dem Vater, eine Beziehung eingehen können! Genauso wie es wichtig ist, Jesus als Herrn anzuerkennen, um eine Beziehung mit Ihm einzugehen, ist es notwendig das Herz eines Sohnes, oder einer Tochter zu haben, um eine Beziehung mit Gott als Vater eingehen zu können.

Wenn wir eine Beziehung mit Gott dem Vater eingehen wollen, gibt es nur eine Möglichkeit Ihn kennenzulernen … Er wird dir immer nur als Vater begegnen. Viele Männer wurden im Verlauf Ihres Lebens Väter. Doch Gott *wurde* nie Vater, stattdessen ist Er schon *immer* Vater gewesen und wird immer Vater sein. Zwar erschuf Er das Universum, doch Seinem Wesen nach ist er nicht Schöpfer. Schöpfer zu sein, ist etwas das Er tut, jedoch beschreibt dieser Titel nicht Sein Wesen. Wenn dein Vater zum Beispiel Ingenieur ist, dann hast du keine Beziehung mit ihm aufgrund seines Berufes, sondern auf der Basis seiner Rolle als Vater. Gott erschuf zwar das Universum, aber Er geht mit uns keine Beziehung als Schöpfer ein. Stattdessen geht Er mit uns eine Beziehung als Vater ein, denn das ist wer Er ist. Vaterschaft ist die Essenz Seines Wesens und Jesus kam, um zu offenbaren, dass Jahwe Papa ist, dass Jahwe Vater ist.

Ich glaube, dass mehr als neunzig Prozent der Menschen in der westlichen Welt ihre Herzen gegenüber ihren Eltern verschlossen haben. Vielleicht verstecken sie diese Tatsache hinter sehr gebildeter und komplizierter Sprache. Doch eine wirklich vertraute Beziehung mit den Eltern ist vielen Leuten eher fremd.Als ich dort in der Kapelle war und der Herr mich fragte wessen Sohn ich sei, erkundigte Er sich in Wahrheit über den Zustand meines Herzens. Eigentlich hätte ich zugeben sollen, dass ich niemandes Sohn war, allerdings hatte ich meine Probleme mit dieser Antwort und ich will gleich erklären warum.

Alle Männer Gottes sind jemandes Sohn

Seit ich Christ wurde, wollte ich auch ein Mann Gottes werden, ein gesalbter Prediger. Darum betete ich auch ständig: „Herr, mach mich zu einem Mann Gottes." Und so spielte sich in mir an jenem Tag in der Kapelle noch ein weiterer Gedankenprozess ab. Es hatte alles mit meinem damaligen Lieblingsthema zu tun. Denn als ich auf der Bibelschule war, begann ich an einem Projekt über den chronologischen Ablauf des Alten Testaments zu arbeiten. Als ich die berühmten Persönlichkeiten des Alten Testaments genauer unter die Lupe nahm, stieß ich auf etwas, das mich wirklich verstörte. Fast alle Helden des Alten Testaments wurden als der Sohn von jemandem beschrieben. Josua war zum Beispiel der Sohn Nuns, Kaleb war der Sohn Jefunnes, David war der Sohn Isais. Jede dieser Personen, deren Leben ich studierte, wurde als der Sohn einer anderen Person beschrieben.

Das ging mir wirklich auf die Nerven. Warum nicht David der Poet oder der Krieger-König? Warum nicht Jesaja der große Prophet? Warum nicht Kaleb, der Mann des Glaubens? Ich war ein so unabhängiges Leben gewohnt, dass ich mir dachte: „Warum können diese Typen nicht auf ihren eigenen zwei Beinen stehen? Warum können sie keine richtigen Männer sein? Warum brauchen sie einen Papa, der sie ständig unterstützt?" Durch jene Frage wurde meine wahre Herzenshaltung gegenüber meinem Vater offengelegt.

An jenem Tag in der Kapelle wusste ich, dass Gott zu mir sagte: „James, ich habe dein Gebet, dass ich dich zu einem Mann Gottes machen soll, gehört. Willst du ein Mann Gottes sein? Stimmt das? Nun, alle meine Männer sind jemandes Sohn. Wenn du also ein Mann Gottes sein möchtest, James, wessen Sohn bist du?"

JESUS WAR DER SOHN EINES UNVOLLKOMMENEN MANNES

Das Problem war, ich *wusste Bescheid* über den Schaden, den Väter anrichten können. Wussten diese Personen in der Bibel nicht, was für Schäden Väter verursachen können? Man musste verrückt sein, jemandes Sohn zu sein! Ich wusste natürlich, dass Jesus der Sohn Gottes war, aber ich konnte Ihm dafür vergeben, denn immerhin war Sein Vater vollkommen. Denn nicht vollkommene, sondern unvollkommene Väter sind ja das Problem! Dann begann ich zu verstehen, dass Jesus bis in alle Ewigkeit als der Sohn Davids bekannt sein wird, einem unvollkommenen Mann!

Viele Gemeinden würden David heutzutage aufgrund seines Versagens nicht erlauben einen Dienst oder irgendeine Form von

Autorität auszuüben. Jesus hatte aber kein Problem damit, als der Sohn eines unvollkommenen Mannes bekannt zu werden! Das hat mich wirklich herausgefordert! Wenn Jesus dazu in der Lage ist, der Sohn eines unvollkommenen Mannes zu sein, dann musste irgendetwas nicht mit meiner Sichtweise stimmen. Denn ich selbst wollte nicht der Sohn eines unvollkommenen Mannes sein, Jesus war allerdings ganz glücklich damit, als der Sohn eines unvollkommenen Mannes bekannt zu sein. Ich konnte dieser Tatsache nicht ausweichen und fühlte mich in die Ecke gedrängt!

Ich wusste es damals noch nicht, aber jener Tag sollte den Rest meines Lebens bestimmen. Letztendlich musste ich ehrlich sein und zugeben: „Herr, ich bin *niemandes* Sohn und darüber hinaus, möchte ich auch niemandes Sohn sein. Das macht mir Angst. Könntest du mir helfen?" Als ich diese Worte aussprach, zog sich Seine Gegenwart sofort aus dem Raum zurück und ich war wieder allein in der Kapelle. Es fühlte sich so an, als ob der Herr sich aufgemacht hatte, um mit der Arbeit an der Lösung meines Problems zu beginnen.

DAS HERZ DER SOHNSCHAFT WIEDERFINDEN

Nach dieser Begegnung begann der Herr an mir zu arbeiten, um das Herz eines Sohnes in mir wiederherzustellen. Der erste Schritt dorthin war es, wie im letzten Kapitel beschrieben, meinem Papa von Herzen zu vergeben. Als ich diesen Schritt gemacht hatte, war mein Herz zwar frei, aber ich fragte mich, wie das Herz eines Sohnes in mir wiederhergestellt werden könnte.

Dazu fiel mir einfach keine Antwort ein. Ich dachte viel darüber nach und betete auch viel darüber, allerdings kam ich zu keinem Ergebnis. Wie bekommt man das Herz eines Sohnes zurück, wenn man es verloren hat? Nun, wenn man etwas verliert, wo findet man es wieder? Man findet es dort, wo man es zurückgelassen hat, oder? Es ist also ganz einfach. Wenn man dorthin zurückkehrt, wo man das verlorene Gut zurückgelassen hat, dann wird man es auch genau dort wieder finden.

Ich hatte also das Herz eines Sohnes in meiner Beziehung mit meinem Papa verloren. Das war der Kontext in dem ich mein Herz verschlossen hatte. Nun wusste ich, dass es etwas mit meinem Papa zu tun haben würde. Allerdings hatte ich keine Ahnung wie genau das aussehen sollte. Mir fiel einfach nichts ein, was ich tun könnte, um das Herz eines Sohnes zu bekommen. Nach einer Weile kam mir jedoch eine Sache in den Sinn, die ich tun könnte. Ich hatte meinem Vater zwar für all die Dinge vergeben, die er getan und nicht getan hatte, aber mir wurde bewusst, dass ich ihn selbst auch nicht auf sehr gute Weise behandelt hatte. Ich hatte mein Herz ihm gegenüber verschlossen, statt etwas gnädiger und vergebungsvoller mit ihm umzugehen. Um die Wahrheit zu sagen, ich hätte ihm mehr Dankbarkeit und Respekt entgegenbringen können. Es war meine Entscheidung gewesen, ihn aus meinem Herzen zu verbannen. Dann kam mir der Gedanke in den Sinn, ihm einen Brief zu schreiben und ihn für all diese Dinge um Vergebung zu bitten.

Eine meiner Aufgaben in meiner Kindheit und Jugend war es den Rasen hinter unserem Haus zu mähen. Ich erfüllte diese Aufgabe kein einziges Mal, ohne dass mein Vater mich ständig daran erinnern musste. Ich tat es nie freiwillig und auch nie sehr ordentlich. Stattdessen versuchte ich stets die Ecken zu vermeiden und ignorierte die Bereiche, die es wirklich nötig hatten geschnitten zu werden. Teilweise ging ich meiner Verantwortung auch aus dem Weg, indem ich nach der Schule loszog und erst nach Anbruch der Dunkelheit zurückkehrte, so dass keine Zeit mehr blieb, um den

Rasen zu mähen. Ich war froh, wenn es regnete und benutzte diese Tatsache dann als Ausrede. Wenn es nicht regnete, ging ich runter zum Fluss, um zu schwimmen oder nach Aalen zu fischen. Zu guter Letzt, blieb meinem Vater nichts anderes übrig, als mich unter Druck zu setzen und mir zu drohen – zum Beispiel damit, dass er mir die Gelegenheiten zum Spielen untersagen würde – also mähte ich den Rasen widerwillig. Ich tat es nicht ein einziges Mal freiwillig. So dachte ich mir, dass ich ihn dafür, als auch für eine Menge anderer Dinge, einfach um Vergebung bitten könnte.

Allerdings gab es da ein klitzekleines Problem. In unserer Familie entschuldigte sich niemand je für irgendetwas, da dies als Schwachheit angesehen wurde. Niemand bat jemals um Vergebung und niemand sagte jemals zu irgendjemandem: „Ich liebe dich." Ich fürchtete mich deshalb unglaublich davor, meinen Vater um Vergebung zu bitten, für den Fall, dass er meine Entschuldigung dann als Munition für seinen nächsten Streit mit mir benutzen würde.

DER BRIEF

Ich entschied mich dazu einen Brief zu verfassen, nur um zu sehen, wie er sich lesen würde, aber ich wollte ihn noch nicht abschicken. Letztendlich schaffte ich es in dem Brief alles zu sagen, was ich sagen wollte. Zum Beispiel bat ich meinen Vater dafür um Vergebung, dass ich den Rasen nie so gemäht hatte wie er es wollte und für meine Einstellung ihm gegenüber. Ich entschuldigte mich für die ganzen Streitereien und für die Dinge, die ich ihm während dieser Zeiten an den Kopf geworfen hatte. Auch bat ich ihn um Vergebung dafür, dass ich versäumt hatte all die Aufgaben zu erfüllen, die er mir aufgetragen hatte. Ich beendete den Brief mit den Worten: „Ich bitte dich um Vergebung dafür, dass ich dir gegenüber mein Herz verschlossen habe als ich zehn Jahre alt war und dir deshalb kein Sohn war." Dann legte ich den Brief auf das Regal, wo er zuerst einmal liegen blieb, bis ich die ganze Sache zwei Wochen später gegenüber Jack Winter erwähnte. Dieser sagte lediglich: „Nun, du schickst ihn dann mal besser ab!" und machte sich seines Weges.

Nun ging es ans Eingemachte! Also kaufte ich mir einen Briefumschlag und eine Briefmarke, steckte den Brief in den Umschlag, schrieb die Adresse darauf und legte ihn zurück auf das Regal, wo er noch einmal einen Monat liegen blieb. Ich wusste, dass die Worte in dem Brief genau das ausdrückten, was ich sagen wollte, aber brachte es nicht fertig, ihn noch einmal zu lesen. Letztendlich wusste ich, dass ich den Brief abschicken musste. Denn ich wusste, dass Jack mich eines Tages danach fragen würde, ob ich den Brief abgeschickt habe und ich wollte ihm eine positive Antwort darauf geben können. Also entschied ich mich, mit dem Brief „Spazieren zu gehen." Aber ich nahm mir vor, ihn nicht wirklich abzuschicken und stattdessen einfach nur eine Runde um den Block zu gehen und zufällig am Briefkasten vorbeizulaufen.

In der Nähe unserer Unterkunft stand ein roter Briefkasten am Straßenrand. Ich ging hin, steckte den Brief durch den Schlitz und dachte mir: „Wenn ich den Brief jetzt loslasse, bekommt ihn mein Vater." Also zog ich ihn wieder heraus und ging weiter. Nach gerade mal zwanzig Metern wurde mir klar, dass ich den Brief abschicken musste. Also ging ich zurück, steckte ihn wieder durch den Schlitz – und ließ ihn fallen! Ich fühlte mich, als ob mir jemand in den Bauch getreten hätte. Ich weinte den gesamten Weg zurück, ging hinauf in unser Schlafzimmer, warf mich aufs Bett und konnte nur noch heulen. Ich hatte solche Angst davor, wie mein Vater reagieren würde.

Kurz darauf machten wir uns auf den Weg in den Norden, nach Minnesota, zu einem Campingplatz, den Jack Winters Dienst erworben hatte. Als wir zu dem neuen Zentrum hochfuhren, sagte ich zu Denise auf einmal: „Wenn wir angekommen sind, möchte ich es wirklich lernen der Leiterschaft dort ein Sohn zu sein." Vorher hatte ich noch nie in diesen Bahnen gedacht und es überraschte mich selbst, dass diese Worte nun aus meinem Mund kamen! Es war das erste Zeichen, dass sich in mir etwas veränderte! Während wir uns in diesem Zentrum aufhielten, kam Jack Winter und predigte wieder über die Liebe des Vaters. Ich hatte ihn viele Male über dieses Thema sprechen hören, allerdings nie wirklich verstanden auf was er hinauswollte. Oft kniete ich neben ihm, während er für Menschen betete, damit diese die Liebe des Vaters erfuhren und sah diese Menschen weinen, als die Verletzungen ihres Lebens geheilt wurden. Auch spürte ich die Salbung, aber ich hatte kein Verständnis in Bezug auf das, was da vor sich ging.

Eine Erfahrung mit der Liebe des Vaters

Nachdem Jack dieses Mal über die Liebe des Vaters gepredigt hatte, sagte ich zu ihm: „Jack, ich verstehe endlich, wovon du sprichst. Könntest du für mich beten?" Er hatte bereits nach einer Gelegenheit gesucht um für mich zu beten, also zögerte er keinen Moment. Er nahm mich mit in einen kleinen Nebenraum des Zentrums, wo ich mich auf den einzigen, verfügbaren Stuhl setzte. Jack kniete sich neben mir nieder, sah mir geradewegs in die Augen und fragte mich: „Kannst du ein kleiner Junge sein, der es nötig hat geliebt zu werden?" Ich dachte mir: „Ich bin ein neunundzwanzig Jahre alter Mann. Ich bin kein kleiner Junge!" Als ich jedoch in Jacks Augen sah, wusste ich, dass er mich so sah wie ich wirklich bin. Oberflächlich betrachtet war ich fit, stark und kompetent, aber innerlich war ich ein kleiner Junge, der geliebt werden wollte, weil er nie die Liebe eines Vaters erfahren hatte.

Die Wahrheit ist, dass wenn wir nie die Liebe eines Vaters erfahren haben, wir trotzdem noch immer, auch heute noch, die Liebe eines Vaters benötigen. Also sagte ich zu ihm: „Ich weiß es nicht Jack, aber ich kann es versuchen." Er bat mich, meine Arme, so wie es ein kleiner Junge tun würde, der eine Umarmung von seinem Vater wollte, um seinen Hals zu legen. Ich hatte in meinem ganzen Leben noch keinen Mann umarmt, aber ich legte meine Arme um seinen Nacken. Es fühlte sich extrem unangenehm an und ich wollte eigentlich so schnell wie möglich den Raum wieder verlassen. Allerdings legte Jack schnell seine Arme um mich und hielt mich ganz fest. Damit gab er mir die klare Botschaft, dass ich hier nicht rauskam bis er fertig war! Dann betete er ein einfaches Gebet: „Vater, würdest du jetzt kommen und meine Arme um diesen jungen Mann zu Deinen Armen machen?" In diesem Moment wurde ich nicht mehr von Jack gehalten, sondern Gott selbst hielt mich fest. Jack betete weiter: „Würdest Du Deine Liebe in sein Herz ausgießen, denn er hat noch nie einen Vater so wie Dich gekannt?" Nach zwei oder drei Minuten hörte er dann auf zu beten und stand einfach auf.

Von diesem Moment an schien nichts mehr so zu sein, wie es vorher war. Wann immer ich anfing zu beten, kam das Wort „Vater" ganz spontan über meine Lippen und ich fühlte mich so, als ob mein Geist den Vater direkt berührt hatte. Doch in Wirklichkeit war es der Vater gewesen, der meinen Geist berührt hatte. Ein paar Monate später flogen wir zurück nach Neuseeland. Dort blieben wir für eine Weile mit Denises Mutter in Taupo, wo wir heute leben. Wir blieben dort für zwei Wochen, aber ich wollte auf keinen Fall das Haus meiner Eltern besuchen, weil ich mich vor der Reaktion meines Vaters auf meinen Brief fürchtete. Nachdem ein paar Wochen verstrichen waren, sagte ich schließlich zu Denise: „Wir müssen jetzt wirklich hingehen. Lass uns hinfahren und es hinter uns bringen." Also stiegen wir in unser Auto und fuhren los. Den ganzen Nachmittag verbrachten wir mit meinen Eltern und fuhren dann zurück nach Taupo. Den Brief erwähnte mein Vater allerdings mit keinem Wort.

Ein paar Monate später besuchten wir meine Eltern wieder, aber mein Vater sagte noch immer nichts. Wieder Monate später folgte ein weiterer Besuch und wieder kein Wort. Fünf Jahre waren in der Zwischenzeit vergangen. Ich war nun fünfunddreißig Jahre alt und mein Vater hatte den Brief mit keinem Wort erwähnt. Ich begann mich also zu wundern, ob er ihn überhaupt erhalten hatte. Deshalb sprach ich eines Tages meine Mutter darauf an: „Als wir vor ein paar Jahren in den Staaten waren, schrieb ich Papa einen Brief. Weißt du, ob er ihn jemals erhalten hat?" Meine Mutter antwortete: „Oh ja, er hat ihn erhalten! Er hat ihn sogar immer noch und bewahrt ihn in der Schublade neben seinem Bett auf!" Als sie das sagte, wusste ich, dass der Brief meinem Papa etwas bedeutete und dass er zu wertvoll für ihn war, um ihn in einem Streit gegen mich zu verwenden. Mein Vater war nie in der Lage gewesen zu mir zu sagen: „Ich vergebe dir Sohn." Immerhin hatte ich in meinem ganzen Leben noch nie gehört wie sich mein Vater für irgendetwas etwas entschuldigt hätte oder wie er zu jemandem gesagt hätte: „Ich liebe dich." Er kommunizierte einfach nicht auf diese Art und Weise. Ich wusste, dass der Brief ihm etwas bedeutete. Also nahm ich einfach an, dass er mir vergeben hatte. Die Jahre vergingen und ich entschloss mich eines Tages, meinem Vater zu sagen, dass ich ihn lieb habe.

Zwar spürte ich keine Liebe für meinen Vater, aber ich dachte mir, dass wenn ich nur die Worte in einem reinen Willensakt aussprechen könnte, Gott dies ehren und mir die Gefühle einfach geben würde. Genauso wie Bauarbeiter Zement in einen ausgelegten Holzrahmen gießen, so würde meine Liebeserklärung einen Rahmen bereiten, in den Gott Seine Substanz hineingießen konnte. Ich wollte also einfach die Worte aussprechen und darauf vertrauen, dass Gott mir die dazugehörigen Gefühle für meinen Vater geben würde. In Wirklichkeit hätte ich lieber den Mount Everest bestiegen. Es war eine riesige Sache für mich. Aber in all den Streitigkeiten mit meinem Vater, hatte er mich eine Sache gelehrt, nämlich Dinge zu sagen, welche die andere Person vielleicht nicht hören wollte. Ich entschied mich also ihm zu sagen, dass ich ihn lieb habe.

„ICH HAB' DICH LIEB, PAPA!"

Als wir meine Eltern das nächste Mal besuchten, hielt ich also nach einer Gelegenheit Ausschau um mit meinem Vater allein sprechen zu können. Ich hoffte, dass er sich irgendwann in die Küche begeben würde, wo ich ihm dann folgen könnte um ein Glas Wasser zu holen, und bevor ich zurück in das Wohnzimmer ging, einfach zu ihm sagen könnte: „Ganz nebenbei, ich hab' dich lieb. Papa." Allerdings ging er an diesem Tag nie in die Küche, so dass ich nie Zeit mit ihm allein hatte. Als wir schließlich das Haus verließen, war ich davon überzeugt, dass ich meine Gelegenheit verpasst hatte. Aber mein Papa hatte eine besondere Angewohnheit. Wann immer Leute zu Besuch kamen, stand er beim Abschied in der Küche, durch welche die Gäste gehen mussten um das Haus zu verlassen. Dort stand er dann immer vor dem Kühlschrank und gab den Leuten zum Abschied die Hand. Mein Vater hatte mich nicht viele Dinge in meinem Leben gelehrt, als ich jedoch vier Jahre alt war, lehrte er mich wie man einer anderen Person richtig die Hand gibt. Ich kann mich noch immer an jedes kleinste Detail erinnern, Wort für Wort. Er sagte: „Wenn du einem Mann die Hand gibst – fester Griff – nicht lasch wie ein Weichling. Schüttle sie zwei- bis dreimal und lass dann los. Länger fasst man einen Mann nicht an!"

Wir verließen also das Haus und ich gab meinem Papa die Hand – schüttelte sie zwei- bis dreimal, fester Griff, lies los – und ging durch die Tür. Er gab den anderen die Hand und wir verließen alle das Haus. Als ich jedoch draußen an der Ecke stand, kam mir auf einmal der Gedanke: „Jetzt ist die Gelegenheit!" Also schaute ich an meiner Familie vorbei zu meiner Mama und meinem Papa und rief: „Bis demnächst Mama und Papa. Ich hab' dich lieb, Papa!" Dann lief ich so schnell wie möglich um die Ecke. Denise und die Kinder folgten mir dicht auf den Fersen zum Auto und wir fuhren davon! Ich hatte kein Krachen oder einen Schrei gehört, es war also alles gut gegangen!

Als wir meine Eltern dann das *nächste* Mal besuchten, wollte ich es noch einmal versuchen. Ich wollte ihm noch einmal sagen: „Ich hab' dich lieb." Als ich ihm allerdings dieses Mal am Kühlschrank, wie bereits zuvor, die Hand reichte – fester Griff, zwei- bis dreimal schütteln – ließ ich danach nicht los und er hob deshalb seinen Kopf an, um mir ins Gesicht zu sehen. Ich schaute ihm direkt in die Augen und sagte wieder zu ihm: „Ich hab' dich lieb, Papa." Dann ließ ich los und verließ das Haus. Als ich über den Rasen schritt, drehte ich mich noch einmal zum Haus um und sah wie mein Papa noch immer dort stand und auf seine Hand starrte. Mein Vater hatte diese Worte noch nie in seinem Leben gehört, vor allem nicht von einem Mann. Meine Mutter hatte sie für eine Weile nach ihrer Hochzeit benutzt, aber auch dies hatte irgendwann aufgehört. Ich wurde nun immer mutiger und nahm mir vor, es beim nächsten Mal wieder zu versuchen.

Als wir uns beim nächsten Mal verabschiedeten, streckte mir mein Vater wieder seine Hand entgegen –etwas zögerlich, wie es mir schien! Aber anstatt seine Hand zu nehmen, packte ich ihn diesmal am Arm, umarmte ihn zum allerersten Mal in meinem Leben und flüsterte ihm ins Ohr: „Ich hab' dich lieb, Papa." Er nickte fast unerkennbar und es fühlte sich so an, als ob ich einen Baum umarmen würde. Denn jeder einzelne Muskel in seinem Körper war angespannt. Nach diesem Vorfall nahm ich jede Gelegenheit wahr, um meinem Vater zu sagen: „Ich hab' dich lieb, Papa."

Drei Jahre später rief mich mein Vater dann plötzlich eines Abends an. Normalerweise war es immer meine Mutter gewesen, welche die Telefonanrufe erledigte und dies war erst das zweite Mal in meinem ganzen Leben gewesen, dass mein Vater mich überhaupt anrief. Er sagte: „Es gibt ein Rugbyspiel in der Nähe eurer Stadt, das ich mir anschauen werde. Meinst du, es wäre möglich bei euch zu übernachten?" Dann fügte er hinzu: „Da gibt es auch etwas, das ich dir sagen möchte." Mein Vater war noch nie vorher bei uns zuhause über Nacht geblieben und in den achtzehn Jahren in denen wir verheiratet waren, kam er vielleicht höchstens ein- bis zweimal zu Besuch. Er kam nach dem Spiel direkt zu uns und Denise bereitete ein tolles Abendessen für uns vor. Wir aßen gemeinsam und dann sagte er auf einmal: „Da gibt es etwas, das ich dir sagen möchte." Denise ließ uns daraufhin alleine und beschäftigte sich schnell mit etwas am anderen Ende des Hauses.

Wir saßen dann den ganzen Abend dort und er brachte die Worte einfach nicht über seine Lippen. Aber er kam immer wieder auf das Thema zu sprechen, indem er sagte: „Ich bin gekommen, weil ich dir etwas sagen möchte. Und zwar möchte ich dir Folgendes sagen." Dann sah er mich mittendrin wieder ganz verzweifelt an und versuchte die Worte über seine Lippen zu bringen, brachte es aber einfach nicht fertig. Also sprachen wir wieder über Rugby, oder irgendetwas anderes. Einmal sagte er zu mir: „Ich habe diese Worte, außer zu deiner Mutter, noch nie zu jemandem gesagt.", oder auch: „So wie ich es verstehe, sagen Männer auch nicht solche Dinge zueinander.", ein anderes Mal: „Während des Krieges schließt du keine Freundschaften, denn wenn dein Freund dann stirbt, kannst du nicht mehr deine Arbeit erledigen." All diese Dinge kamen in ihm hoch, während er dort mit mir saß.

Ich bin der Jüngste in unserer Familie. Mein Bruder ist Wissenschaftler und meine Eltern besuchten voller Stolz alle seine Abschlussfeiern. Er war die allererste Person in unserer Familie, wahrscheinlich bis zurück zu den Tagen Adams, die jemals eine Universität besuchte! Meine Schwester arbeitete für das Fernsehen und meine Eltern schauten sich jeden Donnerstagabend den Abspann ihrer Sendung an, nur um einen Blick auf ihren Namen zu erhaschen, einfach weil sie so stolz auf sie waren. Ich hatte angeblich das größte akademische Potential in der Familie, aber alles was ich werden wollte, war ein Jäger und Einsiedler, der in den Bergen lebte. Ich tat nichts von den Dingen, die sich meine Eltern für mich gewünscht hatten und mein Vater war nie stolz auf mich gewesen. Mein Leben war eine einzige, große Enttäuschung für ihn und als ich Christ wurde, verschlimmerte sich dies nur noch. Denn nun hatte er einen weiteren Grund sich mit mir zu streiten. Als er allerdings in jener Nacht, nach dem Rugbyspiel bei uns blieb, sagte er: „Es gibt noch etwas anderes, das ich dir sagen muss."

Er wurde auf einmal sehr ernst. Es war schwierig für ihn über diese Dinge zu sprechen, aber er sagte zu mir: „Da kommt vielleicht irgendwann eine Zeit, in der nur deine Mutter oder ich am Leben sind …" Das war alles, was er über seine Lippen brachte und er sah mich an, als ob er sagen wollte: „Bitte versuche doch zu verstehen, was ich sagen möchte. Bitte lass es mich nicht alles ausbuchstabieren müssen!" Ich war schockiert über seine Frage. Ich als sein jüngster Sohn war nur eine einzige Enttäuschung für ihn. Alles was ich zu ihm sagen konnte war: „Papa, wenn es jemals eine Zeit geben sollte, in der du allein bist, dann kannst du hierher kommen und mit uns leben." Seine Schultern entspannten sich daraufhin sichtbar, als ob ihm eine Last von den Schultern genommen wurde. Aber er hatte noch immer nicht die Worte ausgesprochen, wegen denen er gekommen war.

Die Stunden vergingen und es war schon fast Mitternacht, als er schließlich wieder auf das Thema zu sprechen kam. Er sagte: „Ich bin gekommen, weil ich dir Folgendes sagen möchte." Er war nah dran, konnte die Worte aber nicht aussprechen. Schließlich begann er zögerlich: „Ich möchte, dass du weißt …" Dann schaute er mich mit Augen an, die sagten: „Hilf mir es zu sagen!" Aber ich konnte ihm nicht helfen. Alles was ich tun konnte, war dazusitzen und zu warten, bis endlich … Mühsam brachte er folgende Worte heraus: „Ich möchte, dass du weißt, dass deine Mutter und ich euch Kinder alle lieb haben." Woraufhin ich ihm antwortete: „Ich hab' dich auch lieb, Papa." Er nickte, als ob er damit bestätigen wollte, dass ich verstanden hatte, was er wirklich sagen wollte.

„Ich hab' dich lieb, Sohn!"

Die Jahre vergingen und mein Vater brachte es eines Tages doch fertig zu mir zu sagen: „Ich hab' dich lieb, Sohn!" Das war 2001, nachdem er bereits sechs bis sieben Jahre in einem Krankenhaus behandelt worden war. Er hatte sein rechtes Bein aufgrund von Diabetes verloren. Aufgrund seiner nachlassenden Sehfähigkeit, konnte er nicht mehr fernsehen – alles was er erkennen konnte, war die Helligkeit des Fensters. Darüber hinaus gab es nichts, das ihn interessiert hätte. Er hatte einige leichte Schlaganfälle erlitten und sein Kurzzeitgedächtnis dadurch verloren. Sein Langzeitgedächtnis funktionierte nach wie vor. Bevor wir auf eine längere Dienstreise nach Europa aufbrachen, besuchte ich ihn. Zum allerersten Mal in meinem Leben war es möglich, ein normales Gespräch mit ihm zu führen, in dem er nicht auf Streit aus war. Er hatte jegliche Streitlust verloren.

Ich erzählte ihm, wie ich mich als Junge aufgrund unserer Streitigkeiten gefühlt hatte. Er hörte einfach nur zu und verstand mich ohne Widerrede. Während unseres Gesprächs sagte er dreimal zu mir. „Es tut mir so leid!" Mein Vater hatte sich in seinem ganzen Leben noch nie bei irgendjemandem für irgendetwas entschuldigt. Er sagte an jenem Tag sogar dreimal zu mir: „Ich hab' dich lieb, Sohn!" Und als ich das Zimmer verließ, sagte er auf einmal: „Oh, ganz nebenbei!" Ich wandte mich ihm noch einmal zu und er fuhr fort: „Du musst wissen, ich hab' dich immer geliebt!"

Nach meinem Besuch im Krankenhaus besuchte ich anschließend noch meine Mutter. Ich berichtete ihr, über was wir gesprochen hatten und was mein Vater gesagt hatte. Sie sagte zu mir: „Wenn du damals die Tür zuknalltest und in die Nacht hinaus liefst, weißt du was dein Vater dann getan hat? Er zog sich in unser Schlafzimmer zurück und schloss die Tür ab. Er erlaubte es mir nicht hineinzukommen, bis er aufgehört hatte zu weinen."

Einige Zeit später waren wir in England und hatten gerade eine Reihe von kräftezehrenden Treffen hinter uns. In einem der letzten Treffen, als wir gerade für die letzten Leute beteten, kam einer der Männer der Gemeinde zu mir und sagte: „James, da ist ein Anruf aus Neuseeland für dich. Es ist dein Bruder." Ich wusste sofort, um was es ging. Um ehrlich zu sein, hatte ich mich schon gefragt, was ich tun würde, wenn mein Vater während meiner Abwesenheit sterben sollte. Sollte ich die Konferenzen absagen und zurückfliegen? Spielte es überhaupt eine Rolle? Was sollte ich tun?

Am Telefon berichtete mein Bruder, dass mein Papa vor einer halben Stunde verstorben war und dass er darauf bestanden hatte, dass ich nach Hause kommen würde, um die Beerdigung abzuhalten. Ich flog also nach Neuseeland zurück, während Denise in England blieb. Die Beerdigung fand einen Tag nach meiner Ankunft statt. Der letzte Wunsch meines Papas überraschte mich sehr. Wenn es um den Glauben ging, hatte er sich stets mit mir gestritten und mir den Eindruck vermittelt, dass er dem christlichen Glauben sehr negativ gegenüber stand.

Ich erinnere mich daran, wie ich vor einer ziemlich großen Trauerversammlung stand und predigte. Als ich mich im Raum umsah, fragte ich mich, ob es wohl irgendjemanden im Raum gibt, der meinen Vater wirklich liebt, denn er stritt sich mit jedem. Als mein Blick auf den Sarg neben mir fiel, kam mir auf einmal der Gedanke: „Vielleicht wollte er, dass ich die Beerdigung übernehme, weil er wusste, dass ich ihm gegenüber das Herz eines Sohnes hatte und dass ich ihm ein wahrer Sohn war."

DAS HERZ DER SOHNSCHAFT

Das war mein Leben mit meinem Vater. Wenn ich so zurückschaue, dann war der wundervollste Teil der ganzen Geschichte für mich der Moment, in dem ich den Brief in den Briefkasten warf. Warum? Weil Gott in mir das Herz eines Sohnes wiederherstellte, als ich den Umschlag mit dem Brief losließ. In diesem Moment öffnete sich für mich eine Tür, um meinem himmlischen

Vater kennenzulernen.

Ich glaube, dass die meisten von uns das Herz eines Sohnes gegenüber ihren Eltern verloren haben. Doch wie bekommen wir es zurück? Wir werden es an dem Ort finden, an dem wir es verloren haben.

Denn die Wahrheit ist, dass wir den Vater nicht wirklich kennenlernen können, solange wir Ihm gegenüber nicht das Herz eines Sohnes oder einer Tochter haben. Wir mögen eine Berührung von Ihm empfangen und Seine Liebe erfahren haben. Ja, wir können sogar erleben, wie Seine Liebe unser Herz und unsere Emotionen anrührt. Aber wir können doch keine persönliche Beziehung mit Ihm als Vater eingehen. Wenn wir zu Ihm kommen und Ihn als Vater kennenlernen, beginnt Seine Liebe uns anzurühren und unser Herz zu erfüllen. Diese immer verfügbare Liebe wird sich kontinuierlich in den Grund unseres Seins ausgießen, allen Mangel darin ausfüllen und unsere Herzen heilen. Wenn das geschehen ist, werden wir immer mehr erleben wie Seine Liebe uns wie ein riesiger Ozean trägt.

Vielleicht musst auch du einen Brief an deinen Vater oder deine Mutter schreiben. Vielleicht ist auch ein Telefongespräch oder ein persönliches Treffen angebrachter. Ich überlasse die Einzelheiten dir, aber ich weiß zwei Dinge mit absoluter Sicherheit. Erstens: Wenn du nicht das Herz eines Sohnes gegenüber den Eltern hast, die Gott dir gegeben hat, dann kannst du auch keine wirkliche Beziehung mit Gott als Vater eingehen und du wirst dein Leben lang in deinem Denken als Waise gefangen bleiben.

Zweitens: Wenn du in irgendeine Form von christlichem Dienst involviert bist, wirst du, was deine Effektivität betrifft, immer wieder auf eine Barriere stoßen. Wenn du nicht das Herz eines Sohnes hast, dann wird deine Kapazität begrenzt sein, wie Jesus vom Herzen zu sprechen und zu handeln. Im Hebräerbrief 1,1 lesen wir: *„Viele Male und auf vielerlei Weise hat Gott einst zu den Vätern gesprochen durch die Propheten; in dieser Endzeit aber hat Er zu uns gesprochen durch den Sohn."* Er zieht es noch immer vor, durch Söhne zu sprechen! Deshalb ist diese Offenbarung des Vaters und Seiner Liebe genauso unabdingbar für die Zukunft der Gemeinde, wie sie für unser persönliches Leben ist.

KAPITEL 5

Gott ist unser wahrer Vater

~

Als junger Christ bat ich den Herrn, dass Er mir die Fähigkeit schenken möge, die Dinge mit Seinen Augen zu sehen. Ich wollte das Leben wirklich so sehen, wie Er es sieht. In Sprüche 14,6 lesen wir: *„Dem Verständigen ist die Erkenntnis leicht."* Viele Menschen suchen nach Erkenntnis, wenn man jedoch Verständnis hat, dann ist Erkenntnis ganz einfach zu erlangen. Ich wollte, dass mein Leben mit der Perspektive Gottes übereinstimmt. Wenn wir alles von Gottes Perspektive aus sehen, dann finden wir wirklichen und andauernden Frieden. Erkenntnis allein kann Verwirrung hervorbringen, aber Verständnis bringt Friede hervor, weil man hinter allem die Absichten Gottes erkennen kann.

DER SINN DES LEBENS

Als ich zwölf Jahre alt war, zog meine Familie aus dem kleinen Dorf auf dem Land, in dem ich aufgewachsen war, weg. Ich liebte das Leben dort und hasste es umziehen zu müssen. Inmitten all dieser Umwälzungen wuchs in mir die Frage nach dem Sinn des Lebens. Ich erinnere mich daran, wie ich eines Tages unter dem Sternenhimmel stand und mir die Worte meines Lehrers in den Sinn kamen, als er uns erzählte, dass die Anzahl der Sterne grenzenlos sei. Da gab es keine große Ziegelsteinmauer am Ende des Weltraums. „Und selbst wenn da eine wäre", sagte er, „Was glaubt ihr wäre dahinter?" Das brachte meinen jungen Verstand komplett durcheinander. Ich konnte nur noch daran denken, was wohl dahinter käme? Es muss einfach alles für immer so weitergehen!

Ich erinnere mich daran, wie ich meine Eltern fragte, was der Sinn des Lebens sei. Um was geht es im Leben? Wer sind wir wirklich, und warum sind wir hier? Was bedeutet das alles hier? Warum bin ich am Leben? Wie kommt es, dass ich ein Bewusstsein habe und denken kann? Als kleiner Junge war ich wirklich verstört von diesen Fragen. Ein Mann sagte mir darauf einmal: „Mache dir keine Sorgen darüber. Wenn du älter wirst, beschäftigen dich diese Dinge nicht mehr so viel." Das war die nutzloseste Antwort, die mir je zu Ohren kam. Solch eine Antwort konnte mich überhaupt nicht zufrieden stellen. Ich dachte mir: „Dieser Mann hatte offensichtlich dieselben Fragen als er jung war, und nun ist er ein alter Mann und hat noch immer keine Antworten darauf gefunden." Die ganze Sache wühlte mich emotional richtig auf und es ist heutzutage genauso schwierig diese Fragen zu artikulieren, wie es damals war.

Als ich zur Schule ging, wurde mir beigebracht, dass die Evolution die Antwort auf all diese Fragen sei, die besagt, dass wir auf diese Erde aufgrund einer Aneinanderreihung von außergewöhnlichen Zufällen gelangt sind. Es gab überhaupt keinen größeren Sinn hinter der ganzen Sache. Das Leben war schlichtweg die Auswirkung von Wetterbedingungen, in Verbindung mit den chemischen Reaktionen von Mineralien, aus denen dann langsam, durch eine Serie von außergewöhnlichen Ereignissen, die menschliche Existenz hervorging. Die Zeit vergeht, indem die Erde kontinuierlich um die Sonne kreist und sich beständig um ihre eigene Achse dreht. Im Laufe der Zeit wird sich dieser Prozess verlangsamen, die Sonne wird ihre Hitze verlieren und alles auf der Erde wird aussterben. Letzten Endes wird es bei der ganzen Sache darauf hinauslaufen, dass alles überhaupt keinen Sinn ergibt.

Wenn das wahr wäre, wunderte ich mich: „Warum sollte ich zur Schule gehen, um zu lernen wie man besser Geld verdient, nur damit ich Kinder in die Welt bringe, die genauso wenig die Antworten auf diese Fragen finden werden? Ja natürlich, sie werden eine gute Ausbildung haben, aber sie werden ein Leben voller Mühsal durchlebt haben, nur um finanziell zu überleben – und sie werden auch am Ende ihres Lebens ankommen, ohne irgendeinen Sinn dahinter entdeckt zu haben? Und dann wird sich irgendwann die Sonne verdunkeln, alles wird verschwinden und all das ergibt überhaupt keinen Sinn?" Aus diesem Grund tat ich mich schwer damit, mich zu irgendetwas zu motivieren, um etwas in meinem Leben zu erreichen. Ich fragte mich auch, ob irgendjemand das Recht hat, mir zu sagen, was richtig und was falsch ist, oder wie ich mein Leben zu leben habe.

Vor ein paar Jahren wurde ein Zeitungsartikel veröffentlicht, der darüber berichtete, dass Neuseeland (von allen Industrieländern) über die höchste Selbstmordrate unter Jugendlichen verfügte. Auf einmal waren die Fernsehbildschirme voll von Leuten, die diesbezüglich ihre Meinung kundtaten. Politiker gaben Interviews und viele Psychiater und Psychologen legten ihre verschiedenen Theorien dar. Ich behaupte nicht, dass meine Meinung mehr Bedeutung hat als alle anderen, aber ich glaube, dass wenn man Jugendlichen beibringt, dass der Sinn des Lebens sich auf rein gar nichts reduziert, und dass das Leben ein rein biologisches Ereignis ohne irgendeinen Wert darstellt, warum sollte man dann dieses Leiden verlängern? Ich kann sehr gut nachvollziehen, warum junge Leute Selbstmord begehen, wenn sie glauben, dass die Evolution die einzige Antwort auf ihre Fragen darstellt. Warum soll ich es nicht einfach hinter mich bringen? Warum sollte man darauf warten, dass das Leben auf natürliche Art und Weise endet?

WIR SIND ALLE GOTTES KINDER

Ich möchte nun eine Sache anschauen, die mir unglaublich viel Frieden in mein Leben gebracht hat. Sie hat mir eine vorher nicht dagewesene Fähigkeit verliehen, in meinem Herzen Ruhe zu verspüren, wenn ich mit den Problemen in meinem Leben konfrontiert werde. Denn im Lauf der Jahre habe ich etwas mehr an Einsicht gewonnen und sehe manche Dinge nun aus einem ganz anderen Blickwinkel. Es gab eine Zeit, in der ich wirklich das Gefühl hatte, ich besäße ein vollkommenes Verständnis des Evangeliums. Es erschien mir alles ganz logisch, doch wenn ich mir mein Leben ansah, gab es da einen Mangel an Glaubwürdigkeit. Ich konnte ganz klar erkennen, dass es meinem Leben an Autorität und Kraft mangelte, um die Leben derer zu segnen, mit denen ich in Kontakt kam. Wenn ich das Evangelium wirklich verstand, warum geschah dann nicht mehr in meinem Leben? Warum sah ich nicht die Frucht und Effektivität, die ich im Leben von Jesus sah? Also nahm ich mir eine Auszeit mit dem Herrn. Ich gab Ihm alles zurück, was ich jemals gelernt hatte, und bat Ihn darum, mein Verständnis zu reinigen und mein Herz für mehr Wahrheit zu öffnen. Ich bat Ihn darum, dass die Wahrheiten, die mir gegeben worden waren, durch den reinigenden Prozess Seiner Liebe und Seiner Perspektive gefiltert werden. Selbstverständlich begann Er auch damit, mich noch einiges darüber hinaus zu lehren.

Eine Sache, die mir wirklich half, mein Verständnis zu erweitern, war die Botschaft von Paulus an die Philosophen Athens in Apostelgeschichte 17. Ich glaube, wenn man wirklich versteht, was ich in diesem Kapitel ausdrücken möchte, wird es eine unglaubliche Auswirkung auf deinen Lebensstil und auf deine Beziehung mit Gott haben. Man bemerke, dass sich in dem folgenden Abschnitt kein einziger Christ unter Paulus' Zuhörern aufhielt. Paulus sagt in seiner Rede:

„Gott, der die Welt geschaffen hat und alles in ihr, Er, der Herr über Himmel und Erde, wohnt nicht in Tempeln, die von Menschenhand gemacht sind. Er lässt sich auch nicht von Menschen bedienen, als brauche Er etwas: Er, der allen das Leben, den Atem und alles gibt. Er hat auch aus einem einzigen Menschen das ganze Menschengeschlecht erschaffen, damit es die ganze Erde bewohne." (Verse 24-26)

Nun, das ist eine sehr interessante Aussage: *„Er hat auch aus einem einzigen Menschen das ganze Menschengeschlecht erschaffen, damit es die ganze Erde bewohne."* Die Erde zu besiedeln war also seit dem Garten Eden unser Auftrag, und die Menschheit sollte sich ausbreiten und die gesamte Erde bewohnen. Dann fügt der Apostel hinzu:

„Er hat für sie bestimmte Zeiten und die Grenzen ihrer Wohnsitze festgesetzt."

Ich möchte an dieser Stelle einen kurzen Kommentar einfügen. Es handelt sich dabei nicht um den Punkt, auf den ich letztendlich hinaus will, aber es ist eine interessante Aussage, die Paulus hier macht. Gott hat die Zeit und den Ort unserer Geburt vorherbestimmt. Wir kommen alle aus verschiedenen Nationen und

Kulturen. Die Menschen, die diese Nationen gründeten, versuchten nicht unbedingt den Willen Gottes zu tun. Doch die Zeit und der Ort unserer Geburt waren inmitten all dieser Entwicklungen Teil Seines Planes. Es ist also kein Zufall, dass ich ein Neuseeländer bin und dass du deiner Nationalität angehörst, weil *Gott* die Zeit und die genauen Orte, an denen wir leben, für uns vorherbestimmt hat. Dann macht Paulus eine weitere interessante Aussage, in welcher er einen säkularen griechischen Dichter zitiert. Wir müssen verstehen, dass Paulus über brillante, intellektuelle Fähigkeiten verfügte. Als Student saß er zu den Füßen von Gamaliel, dem führenden Leiter einer bestimmten Gruppierung der Pharisäer. Er war einer der besten Studenten seiner Tage. Er sagte einmal, dass er alle anderen in seiner Klasse weit übertrumpft hatte (Galater 1,14). An anderer Stelle (2. Korinther 11,5) schreibt er, dass er den anderen Lehrern keineswegs nachstehe. Er wuchs in Tarsus auf, einer Universitätsstadt des Römischen Reiches. Ohne Zweifel hatte er den höchsten Stand in der Einhaltung seiner religiösen Pflichten und Erkenntnis erreicht.

Im Alter von zwölf Jahren hatte er bereits einen großen Teil der fünf Bücher Mose auswendig gelernt. Denn das wurde normalerweise von einem Jungen in seiner Position erwartet. Er war ein kluger Junge, und ich kann mir vorstellen, dass seine Familie und er den verschiedenen Kulturen des Römischen Reiches ausgesetzt waren. Ohne Zweifel hatte er sich ganz offensichtlich mit der damals vorherrschenden griechischen Kultur auseinandersetzen müssen. Dabei hatte er höchstwahrscheinlich ein griechisches Gedicht (des Dichters Aratus, der in seiner Heimatstadt Tarsus lebte) auswendig gelernt, an das er sich nun in dieser Situation erinnerte. In diesem Abschnitt spricht Paulus zu einer Gruppe von Griechen, welche die führenden Philosophen Athens waren. Wir wissen, dass diese Griechen sehr darauf bedacht waren, bloß keinen der Götter aus Versehen zu beleidigen. Sie waren sehr religiös in ihrem philosophischen Denken und wollten jede Möglichkeit sozusagen abgedeckt wissen. Also bauten sie „dem unbekannten Gott" einen Altar.

Diese Philosophen hörten, dass Paulus in der Stadt predigte und baten ihn, ob er kommen und auch zu ihnen sprechen würde. Während seiner Rede zitierte er diesen griechischen Dichter. Ich finde es amüsant, dass es zumindest ein Vers eines griechischen Poeten in die Heilige Schrift geschafft hat. Denn ich bin mir sicher, er hatte keine Ahnung, dass er einen Bibelvers schrieb, als er sein Gedicht verfasste. Darüber hinaus zitiert Paulus diesen Vers als eine wahre Aussage, der die Weisheit Gottes beinhaltet. Es handelt sich hier um die inspirierte Schrift, die als solche von Gott einge-haucht ist. Irgendwo auf dem Weg dorthin, hauchte Gott den Worten dieses griechischen Dichters Seinen Geist ein, und Paulus benutzte sie, um diese griechischen Philosophen zu überzeugen. Er sagte:

„Denn in Ihm leben wir, bewegen uns und sind wir, wie auch einige von euren Dichtern gesagt haben: Wir sind von Seiner Art."

In Vers 29 fährt er dann fort: *„Da wir also von Gottes Art sind …"*

Nun, ich hatte diesen Abschnitt schon einige Male zuvor gelesen, aber mir fiel diese Aussage nie wirklich auf. Er sagte: „Wir sind von Gottes Art, wir sind Gottes Kinder." Als ich darauf aufmerksam wurde, schuf das ein Problem für mich, da Paulus *ausschließlich zu Nicht-Christen* sprach. Denn mir wurde beigebracht, dass ich erst Gottes Kind werde, nachdem ich *Christ geworden bin.* In anderen Worten, ich werde Gottes Kind, wenn ich die Wiedergeburt erlebe. Ohne wiedergeboren zu sein, kann ich nicht in das Reich Gottes eintreten. Offensichtlich entspricht dies der Wahrheit. Allerdings schien es da einen Widerspruch zu geben, denn es schien, als ob Paulus zu diesen griechischen Philosophen sagte: „Da wir also Gottes Kinder sind, da wir von Seiner Art sind, da wir von Ihm kamen, da wir Seine Kinder sind …" Ich konnte einfach nicht verstehen, wie Paulus sagen konnte, dass diese nicht-christlichen Griechen Gottes Kinder sein konnten!

Es gibt keinen Zweifel daran, dass wir die Wiedergeburt erfahren haben müssen, um die Vorzüge als Kinder Gottes genießen zu können. Allerdings muss es in Bezug auf diese Wahrheit noch mehr geben, damit die Aussage von Paulus hier als inspirierte Schrift und als wahr angesehen werden kann. Mir wurde immer erzählt, dass ich bevor ich Christ wurde, in der Dunkelheit wandelte und dass Satan mein Vater war, weil ich in seinen Wegen wandelte. Paulus allerdings behauptet hier, dass wir *alle* von Gottes Art sind, *auch* diejenigen, welche die „Wiedergeburt" noch nicht erfahren haben. Das überraschte mich völlig. Paulus sagt hier etwas, das nicht gerade wie eine herkömmliche christliche Lehre klingt. Um ehrlich zu sein, klingt es wie eine Form des Universalismus. Also versuchte ich dieses Dilemma zu verstehen und der Herr gab mir ein wenig Einsicht darüber.

Während wir uns etwas näher mit dieser Thematik beschäftigen, ist es wichtig folgendes zu verstehen: Als Gott Adam und Eva im Garten Eden erschuf, war es *Seine Absicht, dass sie nie sündigen würden.* Die Theologen haben sich über Jahrhunderte hinweg darüber gestritten, ob Gott schon vorher wusste, dass Adam und Eva sündigen würden. Was dies angeht, ist man bis jetzt noch zu keiner Einigung gekommen. Wir wissen jedoch, Gottes Plan für Adam und Eva war ein *wirklicher* Plan. Es war Seine Absicht, dass sie *nicht sündigen würden.* Um also die ganze Frage, wie jede

Person in der Welt Gottes Kind sein kann zu klären, müssen wir die Bedeutung des Wortes *Erlösung* verstehen.

ERLÖSUNG

Erlösung bedeutet in Wirklichkeit „zurückzukaufen".

Zum Beispiel trage ich eine Uhr, die ich einmal zu Weihnachten geschenkt bekommen habe. Man hat sie für mich gekauft. Ich könnte also nie behaupten, dass sie erlöst wurde. Sie ist erkauft, aber nicht erlöst. Als Jesus uns mit einem Preis erwarb, kaufte Er uns *zurück*, Er *erlöste* uns. Wenn ich eine Uhr kaufen würde, könnte das aus einem einfachen Grund niemals als „Erlösung" beschrieben werden: Man kann nur etwas erlösen, was einem vorher bereits gehört hat. Die Erlösung, die Jesus durch Seinen Tod am Kreuz vollbracht hat, war deshalb das Zurückkaufen dessen, was vorher in Gottes Besitz war. Jesus hat uns nicht einfach nur erkauft. Er kaufte uns zurück!

Deshalb wird der christliche Glaube richtigerweise als Erlösung beschrieben, wenn wir verstehen, dass wir schon *bevor* wir zu Sündern wurden *tatsächlich Gott gehörten*. Diese Zugehörigkeit nahm ihren Anfang nicht im Laufe unseres Lebens, sondern begann bereits im Leben unserer Vorfahren, Adam und Eva. Als sie auf dieser Erde wandelten, war jeder einzelne von uns bereits in ihnen, da wir alle unseren Ursprung in ihnen haben. Die gesamte Menschheit war in Adam und Eva enthalten und gehörte vor dem Fall zu Gott. Was war Gottes Absicht für uns? Seine Absicht und sein wahrer Plan für Adam und Eva (und die gesamte Menschheit) war es, dass sie niemals sündigen würden. Sie sollten sich vermehren, die Erde füllen und sich alles darauf untertan machen. Dies war Gottes Auftrag an sie. **Der ursprüngliche Plan**

Stellen wir uns einmal vor, wie die Welt aussehen würde, hätten Adam und Eva nie gesündigt. Kannst du dir vorstellen, wie dein Leben aussehen würde? Es wäre ganz anders verlaufen. Wenn Adam und Eva nicht gesündigt hätten, wären sie zunächst einmal immer noch am Leben! Du könntest zu ihrem Haus gehen, an der Tür anklopfen, und Adam würde dir aufmachen und dich hereinbitten. Sie wären nun schon eine sehr lange Zeit am Leben und wären trotzdem nicht gealtert. Ich glaube, dass wenn Adam heute einen Raum betreten würden, dass jeder Anwesende aufgrund seiner Erscheinung vor ihm niederfallen und ihn anbeten würde. Denn da er im Ebenbild Gottes geschaffen wurde, würden wir alle annehmen er sei Gott selbst.

Wenn die Sünde und der Tod nicht in die Welt gekommen wären, hätten Adam und Eva tausende von Jahren direkt in das Antlitz Gottes geschaut. Wir sprechen hier nicht über begrenzte Offenbarung, sondern darüber, dass sie der vollständigen Offenbarung der Person Gottes ausgesetzt gewesen wären. Als Mose auf den Berg stieg und wieder herab kam, strahlte sein Gesicht so mit der Herrlichkeit Gottes, dass die Leute von großer Furcht ergriffen wurden. Er musste sich nach den vierzig Tagen auf dem Berg mit einem Schleier bedecken, damit sie seinen Anblick ertragen konnten. Aber Adam und Eva wären mit Gott für *tausende* von Jahren gewandelt. Darüber hinaus wäre jede Person, die jemals geboren wurde, heute immer noch am Leben – deine Eltern, deine Großeltern, deine Urgroßeltern, und all deine Vorfahren! Jedes einzelne menschliche Wesen wäre noch am Leben, weil es so etwas wie den Tod einfach nicht geben würde.

Wir haben Schwierigkeiten uns mit dem Tod auseinanderzusetzen, weil wir nicht dafür geschaffen wurden. Jede Form von Ablehnung, Einsamkeit oder Trauma ist nur deshalb so schwer für uns zu ertragen, weil wir keine angeborene Fähigkeit haben, um damit umzugehen. Wir wurden eben nicht für diese Welt, wie wir sie heute sehen, geschaffen. Wir wurden für eine Welt ohne Sünde geschaffen.

Es gibt noch eine Sache, die wir in Betracht ziehen müssen: Jede Person, die jemals in unser Leben getreten wäre, würde uns *nur* absolute Liebe, Annahme, und Bewunderung entgegenbringen. Sie wären sich dessen bewusst, wie wunderschön du bist und wie aufregend es ist mit dir Zeit zu verbringen. Sie würden die unglaublichen Gaben und Ressourcen, die durch dich in diese Welt hineinkamen, feiern. Das Gefühl willkommen zu sein wäre für jeden von uns so lebensbejahend, dass es eine gewaltige Auswirkung auf uns alle haben würde.

Wir können uns das Gefühl der Freude in uns nur schwer vorstellen, hätten Adam und Eva nie gesündigt. Vielleicht ist es schwierig für uns, dies zu begreifen, aber *das* ist das Leben, das Gott für uns ursprünglich vorgesehen hatte. Adam wurde geformt als ein erwachsenes, menschliches Wesen, mit all den Fähigkeiten des Verstandes, der Emotionen, des Herzens und des Willens, und auch mit der voll ausgeprägten Fähigkeit, richtig zu verstehen und zu denken. Sein Intellekt überstieg unseren bei weitem. Wenn man Wissenschaftlern Glauben schenken möchte, dann benutzen wir lediglich zehn Prozent unserer Hirnkapazität. Adam war jedoch in der Lage, hundert Prozent seiner mentalen und intellektuellen Kapazität zu nutzen. Er kam in diese Welt und erlebte umgehend, wie die Unbegrenztheit der Liebe Gottes ohne Hindernisse in sein tiefstes inneres Wesen ausgegossen wurde.

Von seiner Erschaffung an war er mit dem Bewusstsein durchdrungen, wie wunderbar und geliebt er ist. Vom ersten bewussten

Moment an schaute er direkt in die Augen Gottes des Vaters. Als Adam seine Augen, welche die Fenster der Seele sind, öffnete und direkt in das Antlitz Gottes blickte, wurde seine Seele mit dem Wesen des Vaters durchdrungen. Wir müssen verstehen, Gott *ist* Liebe, und es war Seine Absicht, dass jeder Sohn und jede Tochter Adams und Evas jeden Tag ihres Lebens, durch die Geschichte und die Ewigkeit hindurch, mit derselben Liebe, derselben Offenbarung, derselben Substanz gefüllt sein würden.

Wir sind für diese Art von Existenz geschaffen. *Unsere eigentliche Bestimmung war, dass unsere natürliche Geburt der Eintritt in die umfassende Erfahrung Gottes als Vater gewesen wäre.* Unsere natürliche Geburt hätte uns dann bereits in die Segnungen gebracht, Gott als Vater zu kennen und Seine Söhne und Töchter zu sein. Es gäbe zum Beispiel kein Wort für „Sicherheit", weil wir niemals weniger als völligen Frieden und totale Sicherheit erleben würden. Auch das Konzept der Angst würde nicht existieren.

Unsere Mutter und unser Vater wären nicht die Leute gewesen, die wir kennengelernt haben. Sie hätten uns ganz anders erzogen. Denn ihre Eltern (unsere Großeltern) wären selbst so mit der Liebe Gottes des Vaters durchdrungen gewesen, dass ihre Liebe für unsere Eltern ein vollkommener Ausdruck Gottes selbst gewesen wäre, weit entfernt von unseren jetzigen Lebensumständen. Ich will das noch einmal wiederholen: *Unsere natürliche Geburt wäre unser Eintritt in alle Segnungen Gottes gewesen, die daraus resultieren, dass Er unser Vater ist, einschließlich der Erfahrung Seiner Gegenwart, Seiner Versorgung, Seiner Fürsorge und Seiner Richtungsweisung in alle Segnungen hinein, welche Er in Seinem Herz für uns aufbewahrt.*

DIE ZWEITE GEBURT

Wir alle wissen jedoch, *dass* Adam und Eva sündigten. Weil Adam und Eva sündigten, musste Gott eine *zweite Geburt* gestalten, die uns alle in die Erkenntnis Seiner Liebe als unser Vater, und die Erfahrung Seiner Vaterschaft in unserem Leben hineinbringen würde. Als Jesus für uns starb, öffnete der Vater also eine Tür für uns und Jesus selbst wurde diese Tür. Jesus öffnete nicht nur die Tür, Er *ist* die Tür.

Gott der Vater öffnete die Tür für uns, damit wir zu Ihm zurückkommen würden. Er *kaufte uns zurück*, damit wir zu allem Zugang hätten, was Adam und Eva verloren hatten. *Das ist es was es bedeutet erlöst worden zu sein!* Gottes Absicht und warum er Seinen Sohn sandte war es, alles zu *erlösen* was Adam und Eva verloren als sie sündigten. Um es genau zu nehmen, Er hat mehr *erlöst,* als nur das, was verloren ging. Denn anstatt lediglich Söhne und Töchter zu werden wie Adam und Eva es waren, sind wir (in Christus) Teilhaber an Gottes eigenem Leben geworden. Was für ein Wunder! Wenn wir die Wiedergeburt erfahren, dann können wir Ihn auf dieselbe Art und Weise als Vater kennenlernen wie Adam und Eva Ihn als Vater gekannt hätten, wäre der Sündenfall nie geschehen. Wenn wir das verstehen, bekommen wir ein Verständnis darüber, was es wirklich bedeutet Christ zu sein. Es gibt uns einen Einblick in unsere Bestimmung und das Werk Gottes in unserem Leben.

Ein umfassendes Verständnis der Erlösung ist entscheidend, um effektiv anderen Menschen dienen zu können. Denn es ist letztendlich Gottes Absicht unser Leben so wiederherzustellen *als ob Adam und Eva nie gesündigt hätten.* Das ist die Absicht des Kreuzes und das Ziel der Erlösung. Es ist der Grund, warum wir Christen werden. Das Ziel von allem, was Gott in unserem Leben tut, ist es uns zu dem ursprünglichen, sündlosen Zustand von Adam und Eva zurückzubringen. Es ist deshalb lohnenswert darüber nachzudenken, wie unser Leben wohl aussehen würde und wie wir uns selbst sehen würden, wären wir in solch eine Welt hineingeboren worden. Gott möchte, dass wir Seine Liebe erfahren, weil sie tief in uns ein Fundament legt, auf dem unsere Seele festen Halt findet.

Wenn wir wissen, dass Gott uns liebt, werden wir keine Schwierigkeiten damit haben zu glauben, dass Gott unser Versorger ist. Ansonsten tun wir uns oft schwer damit, zu glauben, dass Er sich um all unsere materiellen Bedürfnisse kümmern wird. Wir mögen dann an den Verheißungen Gottes festhalten, unseren Glauben lautstark proklamieren und dadurch versuchen mit aller Kraft Gott zu vertrauen. Wir können positive Bekenntnisse herunterleiern und persönliche Zusagen abspulen, doch wenn wir nicht wirklich in unserem Herzen wissen, dass Gott der Vater uns liebt, werden wir große Schwierigkeiten damit haben, zu glauben, dass Er sich um all unsere Bedürfnisse kümmern wird. Aber wenn wir tief in uns ein Fundament gelegt bekommen haben, das darauf beruht, dass Gott unser Vater ist und dass Er uns liebt, dann werden wir keine Schwierigkeiten damit haben zu glauben, dass Er sich um all unsere Bedürfnisse kümmert. Denn die Liebe ist das Fundament des Glaubens. Um es genau zu nehmen ist die Liebe das Fundament für *alles* im christlichen Leben. Die Liebe Gottes des Vaters zu erfahren und darin zu wandeln, ist die Achse um die sich alles dreht. Viele Leute stellen den Weg des Glaubens so dar, als ob es darum geht sich die Wahrheit anzueignen, indem man sie sich selbst immer wieder zuspricht. Doch lass mich dir sagen: Das wird dich nie und nimmer überzeugen. Wenn aber Seine Liebe deinen Geist erfüllt und du aufgrund persönlicher Erfahrung *weißt*, dass Er dich liebt, dann verwandelt sich die Bibel in ein neues Buch. Wir wurden vor Anbeginn der Welt auserwählt. Wir haben nicht Ihn erwählt, sondern Er hat uns für ein unglaubliches Leben erwählt, das ewig ist und schon jetzt beginnt! *Dies* ist die Ewigkeit für uns, jetzt in diesem Moment! Die Absicht, der Plan, die Richtungsweisung, die Gott für unser Leben hat, ist es uns zu erlösen, so dass unser Leben all das sein kann was Er ursprünglich, *vor* dem Fall, für uns vorgesehen hat. Das „verlorene Paradies" wurde in Christus wiedergewonnen!

ER HAT DICH GEZEUGT

Der Prophet Jeremia schrieb einmal:

„Ich kannte dich, ehe ich dich im Mutterleibe bereitete, und sonderte dich aus, ehe du von der Mutter geboren wurdest, und bestellte dich zum Propheten für die Völker." (Jeremia 1,5; Luther)

Diese Schriftstelle sagt nicht aus, dass wir alle als Propheten zu den Nationen berufen sind. Natürlich ist dies in einem allgemeinen Sinn wahr, und für manche mag dies sogar, wie für Jeremia, zutreffen. Ich glaube jedoch, dass der erste Teil dieses Verses, für jeden von uns relevant ist: *„Ich kannte dich, ehe denn ich dich im Mutterleib bereitete."* Ich hatte wirklich Schwierigkeiten, diese Aussage zu verstehen. Was *meinte* der Herr damit? *Wie* konnte Er Jeremia kennen, bevor er im Leib seiner Mutter war? Denn wenn man sich das Ganze von einem rein biologischen Standpunkt ansieht, dann existierte Jeremia noch nicht, bevor er im Leib seiner Mutter geformt wurde. Dieser Vers spricht auch nicht über Reinkarnation, weil Reinkarnation kein Teil des biblischen Verständnisses bezüglich des menschlichen Lebens ist. Wie konnte also der Herr Jeremia kennen, bevor er im Mutterleib geformt wurde? Denn eines ist ganz klar, Er *kannte* Jeremia *wirklich*.

Es gibt nur eine einzige Möglichkeit, wie diese Aussage überhaupt wahr sein kann. Diese ist, dass vor langer Zeit, noch bevor Jeremia im Leib seiner Mutter geformt wurde, Gott sich in Seinem Verstand die eigentliche Person vorstellte, die Jeremia werden würde. Er entwarf die gesamte Persönlichkeit Jeremias, einschließlich seiner physischen Erscheinung, seiner mentalen Fähigkeiten, seine emotionale und geistliche Beschaffenheit, und die Gaben und Talente, die er mit sich bringen würde. Darum konnte Gott, lange bevor Jeremia im Mutterleib gezeugt wurde, sagen: „Ich weiß genau, wer diese Person sein wird."

Lieber Leser, ich glaube, dass dies jeden Einzelnen von uns betrifft. Gott entwarf *dich* vor Anbeginn der Zeit in Seinem Herzen und in Seinem Verstand. Er schuf dich als die einzigartige Person die du bist, mit deinen speziellen, natürlichen Fähigkeiten. Deine Mutter und dein Vater wussten höchstwahrscheinlich nicht einmal, ob du ein Junge oder Mädchen werden würdest, aber *Er* kannte dich und wusste wer du sein würdest, bis auf das kleinste Detail. Er kannte deine Größe, dein (ungefähres) Gewicht, und Er wusste, welche Haarfarbe du haben würdest. Auch wusste Er darüber Bescheid, was für eine Persönlichkeit und was für Talente du besitzen würdest. Er gab jedem von uns gewisse Fähigkeiten, welche andere wiederum nicht besitzen, während Er uns in anderen Fähigkeiten begrenzte. Er plante die Person, die du werden würdest bis ins kleinste Detail und Er kannte dich. Er ist dein wahrer Vater, weil Er dich in Seinem Herzen und in Seinem Verstand entwarf, lange bevor du im Leib deiner Mutter gezeugt wurdest.

Und noch unglaublicher ist die Tatsache, dass Er dich in Liebe hervorbrachte, weil Er Liebe *ist*. In anderen Worten, als Er sich entschied dich zu erschaffen, dachte Er sich: „Wie kann ich diese

Person absolut liebenswert gestalten?" *Er brachte jeden Einzelnen von uns in absoluter Liebe hervor.* Manche Leute, zu denen ich auch gehörte, fühlen sich, als ob sie rein zufällig hier sind und überhaupt nicht auf dieser Erde sein sollten. Meine Mutter erzählte mir einmal: „Als dein Vater und ich heirateten, wünschten wir uns zuallererst einen kleinen Jungen. Als dann dein Bruder kam, haben wir uns riesig gefreut. Dann dachten wir, es wäre wundervoll ein kleines Mädchen zu haben und dann kam deine Schwester. Wir entschieden uns, dass wir keine weiteren Kinder mehr haben wollten." Dann fügte sie hinzu: „Und dann entdeckten wir, dass du unterwegs warst." Sie hielt kurz inne und sagte: „Aber als *du* kamst, brachtest du deine eigene Liebe mit dir." In anderen Worten: „Für neun Monate lang, wollten wir dich nicht wirklich!"

Viele Menschen haben eine sehr ähnliche Erfahrung gemacht und haben das beständige Gefühl, als ob sie nicht wirklich auf dieser Erde sein sollten. Vielleicht *mussten* ihre Eltern sogar aufgrund der Schwangerschaft heiraten und sie fühlten sich deshalb ihr ganzes Leben lang eher als ein Problemfall, anstatt wie ein willkommener Mensch. Doch die wunderbare Wahrheit ist: Gott, der Vater zeugte jeden Einzelnen von uns in Seiner Liebe, bevor wir im Leib unserer Mutter geformt wurden. Du wurdest in Liebe von deinem WAHREN VATER gezeugt und empfangen!

Es gibt deshalb keine illegitimen Kinder, lediglich illegitime Eltern. Denn jedes Kind, das je in diese Welt kam, ist von Gott, unserem Vater geliebt und gewollt. Darum ist Er in der Lage mit seinem Geist durch Paulus in der Apostelgeschichte zu sagen, dass wir *alle* (Christen oder nicht) von Seiner Art sind, weil Gott der Vater jeden Einzelnen von uns in Seinem ursprünglichen Plan selbst entworfen hat.

Deshalb habe ich mich schon oft gewundert: „Wann hat Er mich eigentlich entworfen? War es fünf Minuten bevor ich gezeugt wurde? Waren es Jahre?" Hat es Ihn überrascht, als ich kam, so dass Er schnell rufen musste: „Oh nein! Hier kommt schon wieder einer! Schnell, macht nochmal einen!" Ich glaube, dass Er jeden Einzelnen von uns entwarf, bevor Er ein einziges Atom dieses Universums erschuf. Denn es ging Ihm letztendlich *nicht um ein Universum*, sondern *darum eine Familie zu haben*. Diese wundervolle Schöpfung, in der wir leben, war nicht das letztendliche Ziel. Stattdessen brachte Er die Schöpfung als Umgebung für uns hervor, so dass wir darin leben konnten. Wir bewundern die Sterne und stellen uns ihre unendliche Anzahl vor. Aber weißt du, warum Er sie genau so gemacht hat? Der Grund dafür war nicht, dass wir bezüglich unserer Existenz mit Verzweiflung überwältigt werden, sondern damit wir nach oben blicken würden und alles, was wir sagen könnten, wäre: „Wow!" Er schuf das Universum, um uns einen Einblick davon zu geben, was für eine Art Vater wir wirklich haben. Ist Er nicht großartig?

In Seinem Ebenbild geschaffen

Viele Leute gehen durch das Leben und haben das Gefühl, dass sie nirgendwo dazugehören, oder dass sie nie hätten geboren werden sollen. Manche Leute fühlen sich wie Eindringlinge in ihrem eigenen Leben, so dass sie selbst Zuhause nicht das Gefühl haben, als wären sie dort daheim. Sie verbringen ihr ganzes Leben damit zu arbeiten und zu sparen, damit sie ihren Bankkredit abbezahlen und ein Eigenheim besitzen können, und wenn sie schließlich die Besitzurkunde bekommen, leben sie noch immer so als ob sie nicht in diese Welt gehören. Doch es ist die einfache Wahrheit, dass wir alle die Kinder unseres himmlischen Vaters sind.

Er entschied sich vor Anbeginn der Zeit, dich zu erschaffen. *Der Tag, an dem du in diese Welt kamst, war der Tag auf den Er sich schon seit tausenden von Jahren freute.* Die einzige Sache, die Ihn bedrückte, war das Wissen, dass aufgrund des Sündenfalls deine natürliche Geburt dich nicht in den Segen Seiner Vaterschaft hineinbringen würde. Er liebt dich noch immer als ein Vater. Deshalb hat Er Jesus gesandt, um für uns zu sterben, so dass wir die Wiedergeburt erfahren können und unsere *zweite Geburt* uns in all die daraus resultierenden Segnungen Seiner Vaterschaft hineinbringen würde.

Schauen wir uns einmal Psalm 139,16 etwas genauer an. Hier lesen wir:

„Deine Augen sahen, wie ich entstand.“

Vor Anbeginn der Zeit, lange bevor dein Körper im Leib deiner Mutter geformt wurde, sah Gott dich. Er wusste wie dein physischer Körper aussehen würde, bevor Er die Welt erschuf. Du bist nicht lediglich das Resultat eines evolutionären Prozesses und aus diesem Grund ein Zufall der Natur ohne Ziel oder Grund für deine Existenz. Deine Eltern hatten keinen Einfluss darauf, ob du ein Junge oder ein Mädchen wirst. Aber weit zurück in der Ewigkeit, als Gott für dich die Zeit und den genauen Ort vorherbestimmte, an dem du leben würdest, wusste *Er* wie du aussehen würdest.

Bevor du im Leib deiner Mutter geformt wurdest, wusste Gott, wie du aussehen würdest und *Er* sagt, dass du erstaunlich und wunderbar gemacht bist. Unsere Tochter arbeitete zehn Jahre als ein internationales Model. In meinen Augen war sie schön, selbst früh am Morgen nach dem Aufstehen. Ich erinnere mich daran wie ich sie einmal fragte: „Denken diese Supermodels von sich, dass sie hübsch sind?" Und sie antwortete mir: „Keine einzige von ihnen." Jede Einzelne von ihnen würde behaupten, dass es etwas an ihr gab, das sie nicht mochte. Entweder waren ihre Knie zu knochig, ihre Nase zu groß oder ihre Augen zu klein. Dies zeigte mir, dass etwas von Gottes unglaublicher Schöpfung in uns gestohlen wurde.

Ich weiß natürlich, dass manche Leute mit einer physischen Fehlbildung wie Blindheit, Taubheit und Schlimmerem geboren werden. Weil die Menschen am Anfang der Zeit die Tür für die Sünde und ihre Verwundbarkeit gegenüber der Zerstörung Satans öffneten, konnten diese Dinge leider in Gottes ursprünglichen Plan hineinkommen. Die Ursache mancher dieser Dinge ist auch direkt auf menschliche Fehler in der Medizin zurückzuführen, und vielleicht werden wir in Zukunft von noch mehr Schäden hören, die durch Menschen verursacht wurden.

Er, der die Schönheit selbst ist, kann einfach nichts erschaffen das hässlich ist. Das Herz eines Künstlers drückt sich durch seine Werke aus und es gibt niemanden, der schöner als Gott selbst wäre. Darum war es ein Ausdruck Seiner Natur, als Er dich und mich erschuf. Er machte uns schön. Doch viele Menschen gehen durchs Leben und glauben sie sind niemals gut genug, um sich dem Blick der Öffentlichkeit auszusetzen. Sie sind zutiefst beschämt über sich selbst und fühlen sich zu schüchtern, um vor einer Gruppe von Menschen zu stehen. Sie errichten Mauern um sich herum, weil sie sich in ihrem Aussehen, ihren Interessen oder ihrem Lebensstil nicht als akzeptabel empfinden. Gott erschuf jedoch jeden Einzelnen von uns und Er entwarf jeden Aspekt unseres Seins.

Leider glauben viele Leute, dass Gott nur den Mann in Seinem Ebenbild erschuf und die Frau sozusagen lediglich als Hilfskraft hinzugefügt wurde. So als ob sie nur geschaffen wurde, um dem

Mann zu dienen. Was diese Leute allerdings nicht realisieren, *auch die Frau wurde im Ebenbild Gottes geschaffen.* Sie verstehen nicht, dass Femininität, genauso wie Maskulinität, ein Ausdruck der Natur Gottes selbst ist. Denn auch eine Frau drückt aus, wer Gott ist. Ich kenne eine Frau, die keine Spiegel in ihrem Haus hat, weil sie davon überzeugt ist, dass sie hässlich ist. Tatsache ist jedoch, dass Gott noch nie irgendetwas Hässliches erschaffen hat, und dass wenn andere Menschen nicht sehen können wie schön du bist, dies nur den Unterschied zwischen ihnen und Gott aufzeigt. Er ist überzeugt, dass du und ich wunderschön sind!

Irgendwie hat Hollywood uns ein Schönheitsideal vorgegaukelt, das niemand jemals erfüllen kann. Als ich einmal für das Fernsehen interviewt wurde, sagten sie mir, dass auch ich geschminkt werden müsste. Ich konnte das zuerst kaum glauben! Und es hat ziemlich lange gedauert, mir das alles wieder abzuwaschen. Doch Tatsache ist: Gott hat dich schön gemacht und wenn manche Menschen diese Schönheit nicht sehen können, dann ist das nicht dein, sondern ihr Problem.

Gott ist der, der mich am besten kennt und Er ist der, der mich am meisten liebt. Er kennt alle meine Fehler und liebt mich noch immer mit einer absoluten Liebe. Wir können also nicht sagen: „Ich liebe diese Person nicht, weil sie so viele Fehler hat." Denn wenn wir unfähig sind jemandem gegenüber Liebe auszudrücken, dann zeigt das nur den Unterschied zwischen Gott und uns auf. Gott, unser Vater entwarf jeden Einzelnen von uns in Seiner Liebe, und Er erschuf uns als absolut liebenswert. *Er ist unser wahrer Vater,* und Er ist und war schon *immer* dein *wahrer* Vater.

Du wurdest deinen Eltern nur geliehen. Als sie noch gar nichts über dich wussten, da wusste Er bereits alles über dich. Er entwarf die einzigartigen Eigenschaften eines jeden menschlichen Wesens und gestaltete alles an uns. Er ist unser wahrer Vater, und ab dem Zeitpunkt, an dem wir Christus empfangen und in Seinem Leben wandeln, werden wir Ihn für den Rest der Ewigkeit wahrhaftig als unseren himmlischen Vater kennen.

WIEDERHERGESTELLT ALS SÖHNE UND TÖCHTER

Wenn wir davon sprechen, dass Gott unser Vater ist, oder darüber, Seine Liebe zu empfangen, dann sprechen wir nicht nur darüber, dass Gott in unser Leben kommt, um uns eine Berührung Seiner Liebe zu schenken, die unsere emotionalen Wunden heilt. Diese Dinge geschehen zwar, letztendlich geht es aber darum, dass Gott unsere Position als Söhne und Töchter wiederherstellt. Er erlöst uns, damit wir Ihn genauso wie Adam, und darüber hinaus, genauso wie Jesus, als unseren Vater kennenlernen. Da möchte er uns hinführen. Das ist für mich der aufregendste Aspekt – Gott als Vater zu kennen, zu wissen, dass alles was ich bin von meinem himmlischen Vater entworfen wurde und dass ich wirklich Sein Sohn bin. Ich bin Sein Sohn von Ewigkeit zu Ewigkeit. Natürlich bin ich nicht Jesus, aber die herrliche Wahrheit ist, dass Er „in Christus" *mein* Vater geworden ist und ich jetzt und für immer Sein Sohn bin. Das war schon immer Seine Absicht. Er musste mich zwar, aufgrund dessen was im Garten Eden geschah, erlösen, aber ich war immer Sein Sohn, und ich werde immer Sein Sohn sein.

Der Vater hat tausende Jahre auf den Moment gewartet, an dem du in diese Welt kommen würdest. Als du kamst, feierte Er deine Ankunft, weil Er dich kannte, lange bevor du im Leib deiner Mutter geformt wurdest. Er hat auf den Tag gewartet, an dem dein Geist endlich die Offenbarung empfangen würde, dass Er dein *wahrer* Vater ist. Genauso wie jeder liebende Vater sich auf den Tag freut, an dem sein Kind zum ersten Mal „Papa" zu ihm sagt, hat Gott der Vater, tausende von Jahren darauf gewartet, dass du aufblickst, Ihn ansiehst, und von tiefstem Herzen ausrufst: „Papa!"

KAPITEL 6

Der Waisengeist

~

Ich hörte den Ausdruck „Waisengeist" zum allerersten Mal 2002 während einer Konferenz in Toronto. Der Herr flüsterte ihn mir damals, fünfzehn Minuten bevor ich sprechen sollte, zu. Schnell öffnete ich meine Bibel und wurde auf einen Vers aufmerksam, den ich zuvor schon viele Male gelesen hatte, aber nie richtig verstand. Nichts sollte danach mehr so sein, wie es vorher war. Ich ging zum Podium und die ganze Botschaft entwickelte sich einfach während ich predigte. Zwar hatte ich keine Ahnung, was der Inhalt meiner Predigt sein würde, aber dieser Vers sprang mir auf einmal förmlich entgegen und wurde somit zur Basis für eine der bekanntesten Botschaften in dieser ganzen Offenbarung des Vaters. Man könnte in der Tat sagen, dass es mittlerweile eine der Hauptlehren unseres Dienstes ist, ein Fundament auf dem wir unsere gesamte Lehre aufgebaut haben.

Der Vers durch den Gott damals zu mir sprach, steht im Johannesevangelium Kapitel 14. Wir lesen hier Jesu letzte Worte,

141

ungefähr eine Woche vor Seiner Kreuzigung. Jack Winter sagte in diesem Zusammenhang einmal, dass die letzten Worte eines Mannes, die wahrscheinlich wichtigsten Worte seines Lebens seien. Als ich dann diesen herausragenden Vers an jenem Tag in Toronto las, spürte ich wie sich plötzlich etwas in der Atmosphäre veränderte. Ich habe in meinem Leben zwar eine ganze Reihe von Offenbarungen empfangen – aber diese Offenbarung hat definitiv meine ganze Sichtweise auf das Leben völlig auf den Kopf gestellt. Mein Hintergrund ist pfingstlich/charismatisch und nun sah ich etwas, das mir vorher noch nie aufgefallen war.

Ein seltsamer kleiner Vers

Bevor ich verrate, um welchen Vers es sich handelt, möchte ich noch ein paar Hintergrundinformationen loswerden. Das Johannesevangelium war das erste Buch der Bibel, das ich komplett durchlas. Ich hatte diesen Vers also schon einige Male zuvor gelesen, ihm jedoch nie irgendwelche Bedeutung beigemessen. Um ehrlich zu sein, fand ich diesen Vers immer seltsam, weil er für mich einfach keinen Sinn ergab. Er enthält ein Wort, das sonst nirgendwo anders im Johannesevangelium vorkommt und nur ein weiteres Mal im ganzen Neuen Testament zu finden ist. In jenem Treffen in Toronto, sprang mir dieser Vers jedoch regelrecht entgegen und veränderte einfach alles für mich. Gott öffnete mein Verständnis für etwas, das ich vorher nicht wahrgenommen hatte.

Ich versuche kurz zu erklären, warum dieser Vers einen solchen Einfluss auf mich hatte: Als ich in der Bibelschule war, wurden uns Schlüsselwörter für jedes einzelne Kapitel des Johannesevangeliums mit nach Hause gegeben. Die Idee dahinter war, dass indem wir ein einziges Wort auswendig lernten, wir uns auch daran erinnern würden, was das Thema des gesamten Kapitels war. Da gab es zum Beispiel einen Vers, welcher der Schlüssel zum Verständnis des gesamten Johannesevangeliums war. Dieser Vers (Johannes 20,31) sagt: *„Diese aber sind aufgeschrieben, damit ihr glaubt, dass Jesus der Messias ist, der Sohn Gottes, und damit ihr durch den Glauben das Leben habt in Seinem Namen."* Das schien vollkommen einleuchtend. Als der Herr mir jedoch die Augen bezüglich dem Vers in Kapitel 14 öffnete, sah ich, dass dieser Vers der Schlüssel zum Verständnis *des gesamten Neuen Testaments, vielleicht sogar der ganzen Bibel* sein könnte. Es ist überwältigend, wenn solch ein „seltsamer, kleiner Vers" auf einmal solch eine riesige Bedeutung annimmt. Es ist Vers 18, ein einfacher Vers, der allerdings vollgepackt ist mit Offenbarung. Jesus sprach die Worte und Johannes schrieb sie auf:

„Ich werde euch nicht als Waisen zurücklassen, sondern ich komme wieder zu euch."

Als sich mir durch diesen Vers die Augen öffneten, fühlte ich mich, als ob ich zum allererstten Mal das Grundproblem der gesamten Menschheit verstand. Denn das hauptsächliche Problem sind nicht nur unsere individuellen Kämpfe, sondern auch die Kämpfe die wir miteinander in unseren Beziehungen austragen. Ich spreche hier über das Hauptproblem im alltäglichen Gemeindeleben, den Spaltungen von Denominationen, dem Auseinanderbrechen von Familien und sogar den Kriegen zwischen Nationen. In einem Sekundenbruchteil sah ich die Wurzel aller menschlichen Probleme auf dieser Erde im Lauf der Geschichte. Es war ein kompletter Paradigmenwechsel für mich.

Jemand sagte einmal zu mir: „James, du scheinst zu glauben, dass die Liebe des Vaters die Antwort auf alle Probleme der Menschheit ist." Ich glaube das wirklich von ganzem Herzen. Denn jedes dieser Probleme hat seinen Ursprung in der Tatsache, dass Adam und Eva ihren Platz in Eden verloren und damit auch die Erfahrung der Liebe des Vaters! Als dies geschah, fiel die Menschheit aus einem Zustand der Fülle göttlicher Versorgung und verlor ihre innige Beziehung mit Ihm.

Was also meinte Jesus genau mit den Worten: *„Ich werde euch nicht als Waisen zurücklassen, sondern ich komme wieder zu euch?"*

WIR SIND ALLE WAISEN

Wahrscheinlich sollte ich zuerst erwähnen, dass diese Worte ihren Ursprung nicht in Jesu Herz oder Verstand hatten. Er sprach sie zwar aus, aber sie waren nicht das Resultat Seines Denkens oder Seiner Theologie. Sie kamen direkt von Seinem Vater. Denn Jesus selbst lehrte: *„Denn was ich gesagt habe, habe ich nicht aus mir selbst, sondern der Vater, der mich gesandt hat, hat mir aufgetragen, was ich sagen und reden soll. Und ich weiß, dass Sein Auftrag ewiges Leben ist. Was ich also sage, sage ich so, wie es mir der Vater gesagt hat"* (Johannes 12,49-50). Diese Worte kamen also direkt aus dem Herzen des Vaters.

Auch müssen wir uns daran erinnern, dass Jesus die Worte *„Ich werde euch nicht als Waisen zurücklassen!"* nicht in einem Waisenhaus aussprach. Die Mehrzahl der Anwesenden waren keine Waisen im natürlichen Sinn. Wir wissen, dass Petrus und Andreas mit ihrem Vater beim Fischen waren, als Jesus sie berief. Wir wissen also, dass die beiden einen Vater hatten. Dasselbe trifft auf Jakobus und Johannes zu. Sie waren die Söhne des Zebedäus (bekannt als die Söhne des Donners). Auch wissen wir, dass ihre Mutter noch am Leben war, denn sie kam einmal zu Jesus und bat Ihn, dass ihre Söhne im kommenden Reich Gottes zu Seiner

Rechten und zu Seiner Linken sitzen würden. Sie glaubte daran, dass Er der Messias war. Sie liebte ihre Söhne offensichtlich, und wollte deshalb das Beste für die Beiden. Es ist also klar, dass auch sie keine Waisen waren.

Nur eine kleine Anzahl der Zuhörer waren allenfalls Waisen. Das Wort des Vaters war an alle Anwesenden gerichtet: *„Ich werde euch nicht als Waisen zurücklassen, sondern ich komme wieder zu euch."* Dies ist durch die Jahrhunderte hindurch Gottes Wort an uns alle, aufgezeichnet für alle Zeiten.

Aus diesem Grund, ist die einzige Schlussfolgerung, dass der Vater *die gesamte Menschheit als Waisen betrachtet. Er sieht uns alle als verwaiste Kinder an.*

DER URSPRÜNGLICHE WAISENGEIST

Warum aber sieht Gott die gesamte Menschheit als verwaist an? Um dies zu verstehen, müssen wir zurück zum Ursprung. Schauen wir uns deshalb einmal Jesaja Kapitel 14 an. Hier erhaschen wir sozusagen einen Blick hinter die Kulissen, bevor die Menschheit überhaupt geschaffen wurde. Es handelt sich dabei um eine Prophetie, die durch den Propheten Jesaja für die damalige Situation an den König von Babylon gerichtet war. Viele Prophetien haben jedoch mehr als eine Bedeutung und verfügen über unterschiedliche Schichten der Interpretation.

So scheint es ganz klar, dass ab Vers 12 eine tiefere Bedeutung zum Vorschein kommt, die viel weiter als zu der Zeit Jesajas und des Königs von Babylon zurückreicht. In der Tat betiteln manche Bibeln diesen Abschnitt deshalb mit den Worten: *Der Fall Luzifers.* Denn viele Gelehrte glauben, dass diese Passage auch über den

Ursprung Satans spricht.

Der Abschnitt beginnt mit den Worten: *„Ach, du bist vom Himmel gefallen, du strahlender Sohn der Morgenröte. Zu Boden bist du geschmettert, du Bezwinger der Völker. Du aber hattest in deinem Herzen gedacht …"* Dann folgen fünf Aussagen, die all mit den Worten, „Ich werde …" beginnen. Der Fall Luzifers begann, als er sich in seinem Herzen entschied: „Ich werde diese Dinge tun."

„Ich ersteige den Himmel; dort oben stelle ich meinen Thron auf, über den Sternen Gottes; auf den Berg der (Götter-)versammlung setze ich mich, im äußersten Norden …" (Jesaja 14,13).

Zwar verstehe ich nicht genau, was dies alles im Einzelnen bedeutet, aber ich verstehe die Worte: *„Ich werde."* Denn er sagt weiterhin: *„Ich steige weit über die Wolken hinauf."* Es war die Absicht Luzifers den allmächtigen Gott zu beseitigen und zu ersetzen. Deshalb sagte er auch nicht: „Ich werde auf einer Stufe mit Gott stehen." Stattdessen nahm er sich vor: „Ich werde mich selbst an Seine Stelle setzen!" Es war nicht die Absicht Satans wie Gott zu werden, sondern Ihn zu *ersetzen!* Denn dann wäre er selbst die letztendliche Autorität im gesamten Universum.

Ich glaube, dass diese Ambition so sehr im Herzen Luzifers heranwuchs, dass er wirklich anfing zu glauben, sein Plan könnte gelingen, als der Fürst des Lebens gekreuzigt wurde. Er verstand nicht, dass in diesem Moment (in den Worten von C.S. Lewis) ein „tieferer Zauber" am Werk war, welcher seinen Sturz und seine letztendliche Niederlage bewirken würde.

Der Punkt, den ich hier machen möchte, und auf den sich diese ganze Offenbarung aufbaut, ist folgender: Als Luzifer seinen dunklen Plan verfolgte, sagte er im Prinzip: „Ich werde keinen Vater über mir dulden!" Denn Gott ist von Natur aus „Vater" und der Himmel war schon immer mit Seiner Vaterschaft erfüllt. Deshalb sagte Luzifer im Prinzip: „*Ich* will der Vater sein. Niemand soll über mir stehen. Ich bin kein Sohn und ich ordne mich niemandem unter."

Es gibt einen weiteren, sehr ähnlichen Abschnitt in Hesekiel 28,12-19. Hier prophezeit Hesekiel über den König von Tyrus, und auch hier finden wir eine tiefere Bedeutung, die über den Kontext des Zeitabschnittes, als die Prophetie gegeben wurde, hinausreicht. Wieder bekommen wir Einsicht in den Ursprung unseres Waisendenkens, wenn der Prophet bezüglich Luzifer sagt:

„Du warst ein vollendet gestaltetes Siegel, voll Weisheit und vollkommener Schönheit. Im Garten Gottes, Eden, bist du gewesen. Allerlei kostbare Steine umgaben dich."

Wenn wir dies lesen, können wir sehen, dass Satan nicht als eine abscheuliche Kreatur geschaffen wurde. Er war als „der Scheinende" bekannt. Er war voller Weisheit und vollkommener Schönheit: *„Im Garten Gottes, Eden, bist du gewesen. Allerlei kostbare Steine umgaben dich."* Er war mit unglaublicher Schönheit geschmückt, das schönste aller Geschöpfe, und er war mit Weisheit erfüllt. In seinem ursprünglichen Zustand hatte er seinen Platz in unmittelbarer Nähe zu Gottes Thron.

„Du warst ein gesalbter, schützender Cherub, ja, ich hatte dich dazu eingesetzt; du warst auf dem heiligen Berg Gottes, und du wandeltest mitten unter den feurigen Steinen. Du warst vollkommen in deinen Wegen vom Tag deiner Erschaffung an, bis Sünde in dir gefunden wurde" (Hesekiel 28,14-15, Schlachter).

Die Sünde, über die Hesekiel spricht, war Luzifers Begehren Gott zu ersetzen und Ihn für immer zu beseitigen. Es war seine Absicht so die letzte Autorität in seinem Leben zu sein. Diese Auflehnung steht bis zum heutigen Tag hinter jeder Sünde.

Vers 16 sagt: *„Durch deine vielen Handelsgeschäfte ist dein Inneres mit Frevel erfüllt worden und du hast gesündigt."* Dann schreibt der Prophet weiter: *„Darum habe ich dich von dem Berg Gottes verstoßen."* Vers 17 fährt dann fort: *„Dein Herz hat sich erhoben wegen deiner Schönheit."* Man bemerke, dass dort nicht steht, er habe seine Schönheit verloren. *„Du hast deine Weisheit um deines Glanzes willen verdorben. So habe ich dich auf die Erde geworfen."*

Andere Übersetzungen sagen: „Ich habe dich hinaus getrieben." Oder: „Ich habe dich herab geworfen." Jesus selbst sah den Satan wie einen Blitz vom Himmel fallen. Das muss ein ziemlich dramatisches Ereignis gewesen sein! Er wurde zu Boden geworfen, runter vom Berg Gottes, aus dem Himmel und auf die Erde – und er nahm seine Engel mit sich.

AUSSERHALB DER LIEBE DES VATERS

Ich habe keine Ahnung wie es im Himmel aussieht, weil ich noch nie dort war. Alles was ich darüber weiß, weiß ich aus der Schrift. Zum Beispiel, dass im Himmel keine Sonne oder kein Mond benötigt werden, weil Gott selbst das Licht ist. Gott erfüllt die Himmel, und weil Gott Liebe ist, bedeutet dies, dass auch der Himmel mit Liebe erfüllt ist.

Wir können uns das kaum vorstellen. Wir werden einmal an einem Ort leben, an dem jeder Atemzug wie das Einatmen flüssiger Liebe sein wird, und wir werden beständig in einer Umgebung vollkommener Liebe leben. Es wird keine Gelegenheit für Ablehnung geben, weil jede Sekunde von totaler Annahme durchdrungen sein wird – absolute und alles umfassende Liebe.

Der Himmel ist nicht nur mit Liebe erfüllt, sondern er ist mit einer ganz bestimmten Art von Liebe erfüllt. Weil Gott von Natur aus Vater ist, ist der Himmel mit der Liebe eines Vaters erfüllt. Denn alles was existiert, hat seinen Ursprung in Ihm. Wir können nichts aus uns selbst hervorbringen. Er initiierte unsere Errettung und wir reagierten darauf. Von Ihm geht die gesamte Schöpfung aus und alles was wir sind, haben wir von Ihm empfangen. Gott *ist* in Seiner Essenz und Natur Vater. Vater zu sein ist nicht etwas, was Er irgendwann wurde. Seine Liebe ist zuallererst und grundsätzlich die Liebe eines Vaters.

Weil Satan Gott als Vater ablehnte und deshalb aus dem Himmel gestoßen wurde, zog er sich aus dem Einflussbereich von Gottes Vaterschaft zurück. Darum gibt es auch keine Erlösung für ihn. Seine Vaterlosigkeit ist der Kern seines Wesens. Er ist eine Waise und *will eine Waise sein*. Als er dann auf die Erde geworfen wurde, wurde er zum ultimativen *Waisengeist*.

Der Apostel Paulus hatte Einblick in diese Thematik, als er im Epheserbrief Kapitel 2, Vers 2 schrieb: *„Ihr wart einst darin gefangen, wie es der Art dieser Welt entspricht, unter der Herrschaft jenes Geistes, der im Bereich der Lüfte regiert und jetzt noch in den Ungehorsamen wirksam ist."* In anderen Worten, bevor wir Christen wurden, war ein Geist in uns wirksam, der uns in den Wegen dieses Weltsystems führte. Du hast in diesem System gesündigt, und außerhalb von Gottes Absichten gelebt und musstest zurück ins Leben gerufen werden. Der Fürst, der in der Luft herrscht, führte dich in Ungehorsam und in das Denken eines Waisenkindes.

Die Welt ist ein Waisenhaus

Wenn wir verstehen, dass Satan ein Waisengeist ist, dann verstehen wir auch, dass die Lebensweise in dieser Welt von einem Waisendenken durchdrungen ist. Denn Satan hat die ganze Welt erfolgreich getäuscht. Er hat uns *sein* Wertesystem aufgepresst, so dass die gesamte Welt nun wie ein riesiges Waisenhaus funktioniert. Wir definieren Sünde als „Zielverfehlung", dies beinhaltet gleichzeitig aber auch am Vater vorbeizuleben und in einer Waisenmentalität gefangen zu sein.

Stellen wir uns einmal vor, was es für eine Waise bedeutet in einem Waisenhaus zu leben, und was es im Gegensatz dazu bedeutet als ein Sohn in einem gesunden Elternhaus mit liebenden Eltern zu leben. Natürlich besteht da ein riesiger Unterschied.

Ich möchte einige der Charakteristiken beschreiben, die das Leben eines Waisenkindes ausmachen: Es hat keinen Namen. Dieser wird oft abgeändert, oder falls es im Stich gelassen wurde, weiß oft niemand über seine wahre Identität Bescheid. Es gibt keine Biografie, kein Gefühl der Herkunft. Sein Name hat keine wirkliche Bedeutung für es. Wenn du aber in einer gesunden Familie aufgewachsen bist, dann besitzt du den Namen deines Vaters und den Namen seines Vaters, und immer so weiter. Du teilst deinen Namen mit deinen Geschwistern und das Resultat davon ist, dass eine gemeinsame Familienidentität existiert. In dieser Welt versuchen viele Menschen, sich einen Namen zu machen. Sie streben danach Bedeutung zu erlangen und etwas zu werden. Diese Waisenmentalität finden wir jedoch nicht nur in unserer Gesellschaft, denn dies ist im Grunde der Zustand jedes menschlichen Herzens.

Selbst in der Gemeinde sehen wir, wie das gleiche Waisendenken immer wieder an die Oberfläche kommt. Wir sehen wie Leute versuchen sich durch ihren Dienst einen Namen zu schaffen, ein „wichtiges Werk" zu tun oder in einer „wichtigen Bewegung" involviert zu sein. Früher war das auch mein Streben. Die Motivation dahinter ist, dass wenn ich etwas Wichtiges tue, ich *selbst* dadurch wichtig werde. Denn die Einstellung dieses Weltsystems ist: „Wenn du dich wichtig fühlen möchtest, dann tue etwas Wichtiges." Dies ist ein Zeichen dafür, dass man als Waisenkind lebt. Im Gegensatz dazu erhalten ein Sohn oder eine Tochter ihre Identität aus der Tatsache, dass sie von ihrer Familie geliebt und wertgeschätzt sind, einfach nur dafür wer sie sind.

Ein weiterer Punkt im Leben eines Waisenkindes ist folgendes: Niemand schenkt ihnen irgendetwas. Es gibt keine Weihnachts- oder Geburtstagsgeschenke für sie. Falls es jemals irgendwelche Geschenke gibt, dann wurden sie dem Waisenhaus gespendet und willkürlich zugeteilt. Ein kleiner Junge möchte zum Beispiel ein Segelboot, aber bekommt einen Spielzeuglastwagen zugeteilt – ein rein willkürliches Geschenk, ohne irgendeine wirkliche oder persönliche Bedeutung. Deshalb bedeuten Geburtstage oder Weihnachten einem Waisenkind auch nichts. Die Lektion die es daraus lernt ist, dass es nichts umsonst gibt. Das ist der Weg dieser Welt. Du bist auf dich allein gestellt, nichts ist umsonst, und du kümmerst dich am besten allein um dich selbst.

Auch gibt es kein Erbe für eine Waise und sie muss sich alles in ihrem Leben erkämpfen. Sie ist überzeugt, dass jeder versuchen wird, ihr das Wenige, das sie hat, wegzunehmen, und das darf sie auf keinen Fall zulassen! Das Leben in einem Waisenhaus sieht nämlich folgendermaßen aus: Der größere Junge nimmt dem Kleineren das Essen weg. So läuft es in dieser Welt. Wir müssen uns nur das Finanzsystem anschauen. Sie sagen zwar: „Nimm es nicht persönlich. Das ist nur rein geschäftlich." Für jemanden auf der Verliererseite handelt es sich jedoch *sehr wohl* um eine persönliche Sache. Eine Waise findet es deshalb auch sehr schwierig großzügig zu sein, weil sie glaubt, dass ihr niemand jemals etwas schenken wird. Wenn sie dann aber auch noch weggibt, was sie hat, dann wird ihr niemand diese Sache jemals ersetzen. Ein Sohn hat jedoch eine ganz andere Sichtweise. Denn er lebt mit der Einstellung: „Mein Vater ist sehr großzügig, ausgesprochen reich und gibt gute Gaben."

Das System, das diese Welt regiert, ist ein Waisensystem. Hast du zum Beispiel gewusst, dass die Demokratie nicht dasselbe ist wie das Reich Gottes? Die Demokratie ist vielleicht der beste Weg, auf dem sich Waisen in einer gefallenen Welt organisieren können, allerdings ist sie noch immer Ausdruck eines Waisensystems. Es ist einfach nicht die Art und Weise, wie Gott die Dinge handhabt. Leider werden jedoch viele Gemeinden nach demokratischen Prinzipien geleitet. Der ganze Dienst ist von einer Waisenmentalität durchdrungen, wenn das Leitungsteam ein Waisenherz hat.

Ein weiteres Beispiel ist der Kapitalismus. Vielleicht ist der Kapitalismus der beste Weg wie Waisen unter sich mit ihren Gütern handeln können, aber er ist sicher kein auf Gerechtigkeit basierendes System. Stattdessen beruht er auf der Waisenidee des Kaufens und Verkaufens, mit der Absicht, den größtmöglichen Gewinn zu erzielen – egal ob es gerecht und fair zugeht. Das Reich Gottes ist jedoch anders. Es funktioniert auf der Basis, dass du *alles* weggibst was du hast – und alles von Gott *empfängst*. Wenn dich jemand auffordert eine Meile mit ihm zu gehen, dann gehst du noch eine weitere Meile mit ihm mit. Und wenn dir jemand auf die Wange schlägt, hältst du ihm auch noch die andere hin. Oder wenn dir jemand dein Hemd wegnimmt, dann gibst du ihm noch deinen Mantel mit dazu.

Ich spreche mich hier nicht etwa gegen den freien Handel aus, und ich habe auch nichts dagegen einen Gewinn zu erzielen. Das ist der Lauf der Dinge und wir müssen eben sehen wie wir in dieser Welt zurechtkommen. Allerdings müssen wir auch verstehen, dass dies nicht der Weg Gottes ist. Das Reich Gottes vertritt ganz andere Werte und es ist wichtig, dass wir uns, soweit es uns möglich ist, in den Bahnen von Gottes Reich bewegen und in Seinen Wegen gehen. Manche Gemeinden funktionieren auf den Prinzipien des Kapitalismus und werden dadurch eingeschränkt! Denn Gott kann vielmehr tun, als wir uns vorstellen können. Wenn wir unser Denken allerdings auf das beschränken, was innerhalb des kapitalistischen Systems möglich ist, dann beschränken wir damit auch Gottes Möglichkeit zu handeln. Wenn wir aber auf Gottes Versorgung vertrauen, dann bewegen wir uns aus dem Waisendenken heraus und machen uns auf den Weg in die Sohnschaft!

Denn der Unterschied zwischen dem christlichen Glauben und allen anderen Philosophien dieser Welt, ist der Unterschied zwischen Sohnschaft und Waisendenken.

EINE IMAGINÄRE REISE

Wir wollen an dieser Stelle eine kleine imaginäre Reise unternehmen, indem wir uns vorstellen, wie es wohl für Adam gewesen sein muss, als er geschaffen wurde. Die Bibel berichtet uns in wenigen Worten darüber in 1. Mose 2,7. Dort heißt es: *„Da formte Gott, der Herr, den Menschen aus Erde vom Ackerboden und blies in seine Nase den Lebensatem. So wurde der Mensch zu einem lebendigen Wesen."* Stelle dir einmal vor, du wärst ein Engel, der Gott dabei zuschaut, wie er das gesamte Universum ins Dasein ruft. Wie würde das wohl aussehen?

Ich habe mich schon oft gewundert, warum Gott den Menschen nicht schon am ersten Tag erschuf, damit er Ihm bei seinem Schöpfungswerk hätte zuschauen können. Das wäre doch großartig gewesen, oder? Warum wartete Gott also bis zum Nachmittag des sechsten Tages um den Menschen zu erschaffen? Der einzige Grund, der mir dazu einfällt, ist, *dass Er nicht wollte, dass der Mensch Ihn als einen arbeitenden Vater kennenlernen würde.* Denn wenn der Mensch von Anfang an Zeuge der Schöpfung gewesen wäre, hätte ihm dies das Streben nach Arbeit und Erfolg vermittelt. Wir sind jedoch für Gottes Ruhe geschaffen. Bis wir es selbst gelernt haben, in diesem Zustand der Ruhe zu verweilen, wird unsere Beziehung mit Gott immer eingeschränkt sein. Darum sagt die Schrift auch: „Seid stille und erkennet, dass ich Gott bin" (Psalm 46,11; Luther).

Den Menschen formte Er mit Seinen eigenen Händen aus dem Staub der Erde. Alle anderen Dinge erschuf Er, indem Er sie ins Dasein sprach. Es muss einen Moment gegeben haben, indem den Engeln vor Überraschung der Mund offen stand, als ihnen klar wurde, dass Er ein Abbild Seiner selbst anfertigte. Es war ein vollkommenes Werk.

Schließlich lag da ein vollkommen geformter Körper, jedoch noch ohne irgendein Anzeichen von Leben. Dann blies Gott dem Menschen den Atem des Lebens durch die Nase ein. Dazu muss man schon ziemlich nah an eine Person heran. Wie würde das wohl aussehen? *Es würde so aussehen, als ob Gott Adam küssen würde.*

Wenn eine Mutter zum allerersten Mal ihr neugeborenes Kind in den Armen hält, dann sind da nur noch absolutes Staunen und eine überwältigende Ehrfurcht in ihrem Gesicht zu sehen. Alle Schmerzen der Geburt sind vergessen und Liebe, Zärtlichkeit und Freude verschmelzen zu einem einzigen Gesichtsausdruck. Ich glaube nicht, dass es eine einzige Frau in dieser Welt gibt, die nicht so fühlte, als sie ihr erstes Kind zur Welt brachte. Denn sie weiß einfach, dass ein unglaubliches Wunder stattgefunden hat.

Gott, der Vater ist für alle Zeiten der Prototyp aller Elternschaft. Er ist der ultimative Ausdruck dessen, was es bedeutet Eltern zu sein und wir sind Sein Abbild. Als Er Adam den Lebensatem einhauchte, gebar Er einen Sohn. Ich glaube, dass dies einer der unglaublichsten Momente in der Geschichte der Menschheit war. Wenn wir diese Szene beobachtet hätten, dann hätten wir die ganze Zärtlichkeit und Liebe des Vaters in Seinem Gesicht gesehen.

Aber was hätten wir wahrgenommen, wenn wir Adam beobachtet hätten? Uns wäre aufgefallen, wie sich seine Brust hob und senkte, als sich seine Lungen mit Luft füllten. Das Herz hätte angefangen zum ersten Mal zu schlagen. Wir hätten beobachtet wie seine Haut auf einmal Farbe angenommen hätte, als das Blut durch seine Muskeln, sein Gewebe und seine Haut pumpte. Alle seine Körperfunktionen wären lebendig geworden. Vielleicht gab es kleine Bewegungen der Finger, der Zehen und der Augenlider, als die Muskeln mit Sauerstoff versorgt wurden. Nicht nur der Körper, sondern auch das Gehirn hätte begonnen aktiv zu werden. Wie war es wohl, als der Verstand anfing zu arbeiten, jedoch noch nicht über irgendwelche Daten verfügte, die er verarbeiten konnte? Das Gedächtnis wäre aktiv geworden, ohne dass es irgendwelche Erinnerungen zu verarbeiten hatte! Absolut keine Erinnerungen! Die Persönlichkeit wäre bereits existent, wäre jedoch völlig unbeeinflusst von irgendwelchen vorhergegangenen Umständen. Wie ein Computer, den man gerade erst angeschaltet hat, der jedoch noch über kein Betriebssystem verfügt. So wie ein unbeschriebenes Blatt.

Und dann kam der Moment, in dem Adam seinen ersten bewussten Eindruck bezüglich seines Lebens gewann. Was glaubst du, war dieser Moment? Was war sein erster Eindruck? Ich glaube es war der Moment, indem er zum ersten Mal die Augen öffnete. Was glaubst du sah er? Liebe wird durch Berührung, durch die Stimme und durch die Augen vermittelt, und unsere Augen sind die Fenster zu unserer Seele.

Adam fing also an seine Augen zu öffnen. Glaubst du der Vater war bereits weggegangen um die Zeitung zu lesen, Fernzusehen oder um Fußball zu spielen? Auf keinen Fall! Stattdessen vermittelte Er Seinem Sohn ganz bewusst all Seine Liebe, als Er ihn ins Leben brachte. Denn Gott ist kein Teilzeitvater, Er ist immer da. *Wir* beschäftigen uns mit allen möglichen Dingen, aber für Ihn gibt es nichts anderes als uns. Wir sind das Objekt Seiner gesamten Aufmerksamkeit! Als Adam seine Augen öffnete, befand er sich genau unter der Liebe des Vaters, die wie die Niagarafälle auf ihn herabstürzte. *Er empfing all die Liebe des gesamten Universums.* Was für ein überwältigender Gedanke! Ich kann mir nicht vorstellen, wie dies für ihn gewesen sein muss, als er das erste Mal in seinem Leben die totale Liebe des allmächtigen Gottes erfuhr. Adam wusste, dass er völlig und absolut von Gott geliebt war.

Ich dachte immer, dass ich der einzige war, der in solchen Bahnen dachte, bis mir eines Tages klar wurde, dass der Apostel Paulus etwas über dieselbe Sache geschrieben hatte. Als es mir langsam dämmerte, was der folgende Vers aussagt, dachte ich mir: „Paulus, du Schlitzohr! Du hast darüber Bescheid gewusst!" Aber schauen wir uns doch zuerst einmal an, was er darüber schreibt:

„In der Liebe verwurzelt und auf sie gegründet, sollt ihr zusammen mit allen Heiligen dazu fähig sein, die Länge und Breite, die Höhe und Tiefe zu ermessen und die Liebe Christi zu verstehen, die alle Erkenntnis übersteigt" (Epheser 3,14-19).

Das Fundament von Adams Leben war es, in der Liebe *verwurzelt* und gegründet zu sein. Ist das nicht wundervoll? Dies ist das Erbe eines jeden Christen. Wir sollen fähig sein, die unglaubliche Liebe, die der Vater für uns hat, zu erkennen. Dies ist kein Zusatz zum christlichen Glauben, sondern das wahre Fundament! Man könnte auch sagen, dass dies kein neues Buch im Regal ist, sondern das Buchregal selbst! Es handelt sich dabei nicht um eine neue Erfahrung, die ich lediglich meinen anderen Lebenserfahrungen hinzufüge. Nein, es ist das Fundament aller meiner Erfahrungen! Dass *der Vater uns liebt* ist eine Tatsache, die mein ganzes Denken durchdringt.

Ein Mann kam einmal vor ein paar Jahren nach einem Treffen zu mir und sagte: „James, du sagst, dass die Liebe des Vaters das Fundament unseres Glaubens ist, aber in Wirklichkeit ist doch das Kreuz das Fundament, oder?" Niemand hatte mir diese Frage bisher gestellt und ich hatte also nie wirklich darüber nachgedacht. Aber in demselben Moment wurden mir die Augen geöffnet und ich sah etwas was ich zuvor noch nie gesehen hatte, weshalb ich auch antwortete: *„Das Kreuz ist ein Ausdruck der Liebe des Vaters, nicht die Liebe des Vaters ein Ausdruck des Kreuzes."*

Ich will es einmal so beschreiben: Als wir die Wiedergeburt erlebten, sind wir in den Brunnen der Errettung eingetaucht und begegneten der Liebe Jesu. Dann sind wir weiter abgetaucht und haben die Kraft Seines Blutes erfahren! Wenn wir dann weiter abtauchen, erkennen wir Ihn als den Herrn unseres Lebens! Wir tauchen weiter und werden mit dem Heiligen Geist erfüllt! Noch weiter unten wirkt Gott Wunder durch uns. Dann tauchen wir noch tiefer und beginnen in der Salbung zu dienen! Wir tauchen tiefer und tiefer in die Rechtfertigung und Heiligung hinab. Dann kommen wir am Grund des Brunnens an, der Quelle aus der *alles* fließt. Die Liebe des Vaters ist diese Quelle! Seine Liebe ist der Ursprung aller Liebe.

Im Paradies

Adam war von dem Moment an, indem er seine Augen öffnete, in der Liebe verwurzelt und gegründet. Dann erschuf Gott eine Frau für ihn, allerdings hatten sie beide zu diesem Zeitpunkt noch immer denselben Namen, sie wurden beide Adam genannt. Liebe bedeutet Einheit und Adam (und Eva) lebten in dieser Einheit, genauso wie auch wir uns danach sehnen, vollkommen miteinander vereint zu sein. Gott erschuf für sie beide eine wundervolle Umgebung.

Beide lebten also in diesem Garten, vollkommen durchdrungen von der Liebe des Vaters. Er hatte jeden Tag Gemeinschaft mit ihnen. An diesem Punkt müssen wir verstehen, dass Gottes Beziehung mit Adam, die eines Vaters mit seinem Sohn war, denn die Schrift nennt Adam ganz klar den „Sohn Gottes". Ich habe versucht mir vorzustellen, wie das Leben damals gewesen sein muss, kann es allerdings nicht wirklich begreifen. Die beiden hätten in einem Zustand des andauernden Friedens gelebt, eines Friedens der noch *tiefer* geht, als das was wir als Frieden bezeichnen. Denn es hätte noch nicht einmal ein Wort für Frieden gegeben, da es ja keine Alternative gab. Sie lebten in vollkommener und absoluter Freude. Wenn du versucht hättest, ihnen das Konzept der Unsicherheit zu erklären, wären sie nicht in der Lage gewesen es zu erfassen. Angst war etwas, das sich vollkommen außerhalb ihres Erfahrungsbereichs befand. Das Leben im Garten Eden war einerseits von Unschuld und andererseits von ultimativer Reife geprägt. Denn wenn wir ehrlich sind, dann sehnen wir uns nach dem, was sie auf ganz natürliche Weise besaßen.

Wir alle wissen jedoch, dass Satan ihnen eine Falle stellte, der sie nicht entgehen konnten. Als junger Mann arbeitete ich eine Zeitlang als Fallensteller und verkaufte Tierfelle, um meinen Lebensunterhalt zu verdienen. Ich habe schon viele Fallen im Wald aufgestellt und weiß, dass man sie so aufstellen muss, dass sie wirklich attraktiv erscheinen. Du wirst keinen Erfolg haben, wenn die Falle für das Tier, das du versuchst einzufangen gefährlich aussieht. Das Ziel ist, dass sich das Tier durch sein eigenes Verhalten selbst gefangen nimmt.

Der erste Schritt in Satans Plan war das Versprechen an die Frau, dass sie wie Gott sein würde, sobald sie von dem verbotenen Baum isst. Und Eva *liebte* Gott. Wie viele von uns haben schon gebetet, dass sie wie Jesus sein wollen? Warum beten wir solche Gebete? Weil wir Ihn lieben, natürlich! Denn wenn wir etwas lieben, dann wollen wir sein wie das, was wir lieben und damit eine Verbindung eingehen. Natürlich erweckte dieses Versprechen ihr Interesse. Sie wollte wie ihr Vater sein, weil sie Ihn *liebte*.

Satan zeigte ihr dann, dass die Frucht verlockend aussah. Eine Sache, die ich über Frauen weiß, ist, dass sie Schönheit lieben. Ich war zum Beispiel in Häusern, in der keine Frau zugegen war und es mangelte ihnen jedes Mal an Schönheit. Diese Häuser waren lediglich funktional. Frauen lieben jedoch schöne Dinge.

Eva sah sich also die Frucht an und erkannte, dass sie verlockend aussah. Sie erkannte auch, dass sie gut zur Speise und Nahrung war. Fürsorge zeigt sich unter anderem dadurch, dass man für jemanden gutes Essen zubereitet. Das kann ein Ausdruck der Liebe, der Fürsorge und Versorgung für die Familie sein. Eva streckte ihre Hand aus, nahm die Frucht und aß sie. Was geschah als sie die Frucht aß? *Es geschah absolut gar nichts.*

Adam und Eva waren so eins miteinander, dass sie noch nicht einmal individuell sündigen konnten. Erst als auch er von der Frucht aß, wurden ihrer beiden Augen geöffnet und die Falle schnappte zu … ZACK! Von hier ab gab es kein Zurück mehr. Sie konnten nicht mehr entkommen und die Konsequenzen konnten nicht mehr rückgängig gemacht werden. Ich glaube nicht, dass sie auch nur die geringste Idee davon hatten was diese sein würden. Alles was sie wussten war, dass sie sterben würden, sobald sie von der Frucht aßen. Doch das war wahrscheinlich die unbedeutendste Konsequenz, was ihr Leben von diesem Moment an betraf.

Auch die Einheit zwischen den beiden war auf einmal nicht mehr vorhanden. *„Adam nannte seine Frau Eva (Leben), denn sie wurde die Mutter aller Lebendigen."* (1. Mose 3,20). Das ist der Grund warum Eva ihren eigenen Namen erhielt. Sie wurden zwei verschiedene Individuen, die vorher eins waren. C. S. Lewis bemerkte einmal, dass es an jenem Tag war, als ob ein Schwert zwischen den Geschlechtern herabfiel. Ein Schwert der Feindschaft zwischen Mann und Frau, das die Einheit zertrennte, die immer noch wiederhergestellt werden muss. Gott gab ihnen dann Kleidung aus Tierfellen und sie wurden aufgrund dessen zum ersten Mal Zeuge davon, wie Blut vergossen wurde. *„Dann sprach Gott, der Herr: Seht, der Mensch ist geworden wie wir; er erkennt Gut und Böse. Dass er jetzt nicht die Hand ausstreckt, auch vom*

Baum des Lebens nimmt, davon isst und ewig lebt!" (Vers 22). Dann verbannte Er sie aus dem Garten.

Gefangen in der Falle, wurde nun die Sünde ihr Meister. Das Problem mit der Sünde ist, dass wenn sie uns erst einmal in ihrem Griff hat, wir uns nicht mehr allein aus ihren Klauen befreien können und sie über uns herrscht. Die einzige Art und Weise, wie die Macht der Sünde über unserem Leben gebrochen werden kann, ist durch das Blut Jesu. Wir können die Macht der Sünde nicht einfach dadurch brechen, indem wir uns entscheiden anders zu leben, aber wenn das Blut Jesu zur Anwendung kommt, werden wir frei von den Klauen der Sünde. Das Problem war jedoch, dass Adam und Eva sich in den Klauen der Sünde befanden, bevor das Blut Jesu vergossen worden war.

ZWEI SCHRECKLICHE OPTIONEN

Gott musste also eine unglaublich schwere Entscheidung treffen. Wir erinnern uns daran, dass Er sie liebte und nur das Beste für sie wollte. Allerdings hatten sie nun einen Weg eingeschlagen, der Ihm nur zwei Optionen übrig ließ. Entweder schickte Er sie weg oder ließ sie für immer als Sünder im Garten weiter leben.

Gott sah Adam und Eva als die Sünde sie übermannte und Er wusste, dass sie immer tiefer in die Verzweiflung herabsinken würden, während sie eine immer größer werdende Last an Schuld mit sich herumtragen mussten. Ihre Persönlichkeit würde von innen heraus verfaulen und sie würden sich immer mehr in Gier, Unsicherheit und Angst verfangen. Der einzige Vergleich, der mir einfällt, um ungefähr zu beschreiben, wie dies für Ihn aussah, ist die Figur Gollum in dem Film *Der Herr der Ringe*. Der Film beschreibt, wie diese Kreatur so sehr von einer bösen Macht besessen wurde, dass sie einfach nicht mehr loslassen konnte und ihr nachjagen musste, selbst wenn sie davon von innen heraus aufgefressen wurde. So verwandelte sich Gollum in diese jämmerliche Kreatur. Er verlor jegliches Bewusstsein seiner selbst, während der verderbliche Einfluss unaufhörlich weiter in ihm am Werk war.

Ich glaube, dass Gott Adam und Eva ansah und realisierte, dass dieser zerstörerische Prozess bereits in ihnen begonnen hatte. Das Herz des Vaters rief aus: „Wir können nicht zulassen, dass dies für immer so weiter geht! Sie werden in zehntausend Jahren immer noch leben und *weiterhin verkümmern!* Wir können nicht zulassen, dass sie weiterhin vom Baum des Lebens essen. Wir müssen sie aus dem Garten verbannen. Wir müssen verhindern, dass sie weiterhin Zugang zum Baum des Lebens haben!" Also teilte Er ihnen mit: „Es ist vorbei. Ihr müsst gehen!"

Wir können uns in unseren wildesten Träumen nicht ausmalen, wie Adam und Eva sich gefühlt haben müssen. Sie konnten ja Gott nicht die Schuld für ihre Situation in die Schuhe schieben. Denn die Wahrheit war, dass sie sich selbst in diese Situation hineinbefördert hatten, was die Verzweiflung nur noch schlimmer machte. Doch Gott kam zu ihnen als ein liebender Vater. Er verbannte sie nicht aus Vergeltung oder als Strafe. Stattdessen wählte Er ganz einfach das kleinere Übel, als Er sie hinausschickte. Zu diesem Zeitpunkt waren sie wahrscheinlich die untröstlichsten Menschen, welche die Welt je gesehen hat.

Es gibt zwei verschiedene Dinge die bestimmen, wie viel Schmerz wir erfahren sobald uns jemand das Herz bricht. Erstens, je größer die Liebe war, die wir erfuhren, umso größer wird unser Schmerz sein. Adam und Eva hatten die größte Liebe des Universums erfahren! Zweitens, wenn unser Herz zuvor schon einmal gebrochen wurde, dann halten wir uns im Allgemeinen das nächste Mal etwas zurück. Bis zu diesem Moment hatten Adam und Eva jedoch noch nie irgendeine Form von Schmerz *verspürt*. Sie hatten noch nicht einmal eine Ahnung davon, was Schmerzen überhaupt sind. In diesem Augenblick erfuhren sie, so glaube ich, den größten emotionalen Schmerz, den irgendjemand je verspüren konnte. Sie waren die traurigsten und verzweifeltsten Leute, welche die Welt je gesehen hat. Nun drängte Gott sie in Richtung Ausgang des Gartens. Es scheint fast so, als ob Adam und Eva noch nicht einmal mehr ihre Beine in Bewegung setzen konnten und der Vater sie hinausführen musste. Er tat dies jedoch nicht, um sie zu bestrafen oder weil Er sie ablehnte. Er tat dies, *weil Er sie liebte.*

Gott hat noch nie irgendetwas getan, was nicht ein Ausdruck Seiner Liebe ist und Er führte sie aus dem Garten heraus, *weil* Er sie liebte. Ich kann mir vorstellen, wie sie mit zögerlichen Schritten vorangingen und versuchten das Unausweichliche hinauszuzögern, als sie zum allerersten Mal in ihrem Leben Angst verspürten. Wie würde es wohl dort draußen sein? Was meinte Er damit als Er ihnen sagte, dass der Boden Dornen und Disteln hervorbringen würde und dass sie im Schweiße ihres Angesichts harte Arbeit verrichten würden? Es bedeutete ganz einfach, dass sie nicht mehr Seine Versorgung genießen konnten! Vorher war alles, was sie brauchten im Garten zu finden gewesen! Wie würden sie jetzt leben? Sie mussten ein komplett neues Leben beginnen. Sie würden Ihn nie wieder so wie jetzt sehen und das Leben, das sie bis jetzt gekannt hatten, war vorbei!

Die Menschheit ist verwaist

Was jedoch wirklich geschah, war, dass sie die Möglichkeit verloren, Seine Liebe direkt zu erfahren. Von diesem Moment an, würden sie Seine Liebe nie wieder direkt erleben. Denn Sünde bringt immer Entfremdung mit sich und nun hatte ihre Sünde sie von Ihm entfremdet. Als sie den Garten verlassen mussten, muss ihnen bewusst gewesen sein, dass die Beziehung, die sie einmal mit Gott hatten, zu einem Ende gekommen war. Sie verließen somit auch die Umgebung der Liebe des Vaters und wurden wie derjenige, der vom Himmel fiel – sie wurden vaterlos. Die gesamte Menschheit, einschließlich dir und mir, waren in ihnen, als sie sich auf dem Weg aus dem Garten machten *und wurde durch sie verwaist.*

Doch es geschah noch etwas viel Schlimmeres, etwas das ihr Leid nur noch vergrößern würde. Es entwickelte sich eine unheilvolle Allianz zwischen dem aus dem Himmel gestoßenen Waisengeist und den verwaisten Herzen des Mannes und der Frau. Satan führte die Menschheit in eine Täuschung hinein, die durch die Geschichte der Menschheit bis zum heutigen Tage andauert. Deshalb heißt es im Epheserbrief, Kapitel 2, Vers 2, dass wir alle in seinen Wegen wandelten. Das Weltsystem ist eine Waisengesellschaft, und selbst wenn wir gerettet und mit dem Heiligen Geist gefüllt sind und Jesus persönlich kennen, reicht dies nicht aus, um das zu ändern. Nur ein Vater kann uns von unserer Waisenmentalität befreien!!

Lange Zeit habe ich noch nicht einmal darüber nachgedacht, wie das alles für Gott gewesen sein muss. Er liebte sie mit einer elterlichen Fürsorge und wusste, was nun geschehen würde. Er wusste, wie die Gier vom menschlichen Herzen Besitz ergreifen würde und wie sie sich alle gegeneinander wenden würden. Er sah das trennende Schwert zwischen den Geschlechtern, die unsichtbare Barriere zwischen dem Mann und seiner Frau, als sie den Garten verließen. Sie waren nun wortwörtlich zu Waisen geworden.

Ich war vor ein paar Jahren einmal in Sankt Petersburg, es war November und bitterkalt. Als ich eines Abends die Straße entlang lief, rannte ein kleiner Junge von ungefähr neun Jahren an mir vorbei. Er hatte nur Baumwoll-Shorts und ein kurzärmeliges Baumwollhemd an. Er lief barfuß, hatte schmutzige Beine, lange Haare und trug eine Tasche mit Holzstöcken über seiner Schulter. Ich nehme mal an, dass er vorhatte irgendwo ein Feuer anzuzünden, um sich für die Nacht warm zu halten. Als er an mir vorbeilief, hielt er kurz an und sah mich direkt an. Ich werde seinen Gesichtsausdruck mein ganzes Leben lang nicht vergessen. Es war als ob ich in das Gesicht eines Mannes mittleren Alters mit dem Körper eines kleinen Jungen blicken würde! Der Ausdruck in seinem Gesicht sagte: „Was wirst *du* mir antun?" Dann wandte er sich um und rannte weiter. Die traurige Wahrheit ist, es gibt auf der ganzen Erde genügend solcher Kinder, und es gibt so viel unvorstellbares Leid.

Der Vater wusste was geschehen würde, als Er Adam und Eva dabei beobachtete, wie sie ihr Leben als Waisen begannen. Er wusste, dass dies eine bessere Alternative war, als für immer in zunehmender Verdorbenheit zu leben. Ich glaube, dass in diesem Moment ein großer Schrei im Herzen des Vaters aufstieg. Denn wenn ich als Vater eine Sache weiß, dann ist es dies: Wenn meine Kinder Leid erfahren, wäre es mir lieber, es würde mich selbst treffen. Es ist schlimmer seine Kinder leiden zu sehen, als selbst zu leiden. Um es genau zu nehmen, es ist fast unerträglich, seine Kinder leiden zu sehen und ihnen nicht helfen zu können. Hier sehen wir einen Vater, der seine Kinder fortschicken muss und genau weiß, was sie erleiden werden. Deshalb glaube ich, dass in diesem Moment ein Schrei aus der Tiefe Seines Seins aufstieg. Als die Geschichte ihren Lauf nahm und das Leiden zunahm, wurde dieser Schrei immer stärker. Denn Er konnte alle Seine Kinder, die gesamte Menschheit, in all ihrem Leid sehen. Sein väterliches Herz streckte sich nach ihnen aus, wohl wissend, dass sie schon bald vergessen würden, dass Er überhaupt existierte und sie liebte.

DER RETTUNGSPLAN DES VATERS

Aus Seinem großen Erbarmen heraus sandte Er ihnen Botschafter, die ihnen von Seiner Liebe berichteten. Er gab das Gesetz und sandte Richter, Könige und Priester, die Sein Herz offenbaren und ihnen einen Weg zeigen sollten, wie sie frei von all dem Leiden werden konnten. Er berief eine ganze Nation als Zeugen dafür, aber all dies genügte nicht. Die gesamte Menschheit verfiel in ein verwaistes Leben voller Leiden und durchlebte ein riesiges Ausmaß an Einsamkeit und Zerbrochenheit. Er sah das Leid Seiner Kinder und der Schrei in Seinem Herzen wurde immer stärker. Er sandte Propheten und die Mütter Israels, Er sandte Psalmisten und Poeten, die Sein Wort zwar vermitteln konnten, aber keiner von ihnen konnte Sein Herz vollkommen zum Ausdruck bringen. Nicht ein einziger von ihnen!

Schlussendlich sandte Er Seinen Sohn, der in vollkommener Weise Seine Person – Sein exaktes Ebenbild – darstellte. Jesus kam in diese Welt und lebte unabhängig von ihrem Waisensystem als Sohn. Seine Worte, welche aus Seiner Beziehung mit dem vollkommenen Vater flossen, erstaunten diese Welt. Er war frei von Sünde und deshalb in der Lage dieselbe Freiheit von Krankheit und Satan an andere weiterzugeben. Er konnte einem Sünder versichern, dass seine Sünden vergeben waren. Er befahl dem Lahmen sich zu erheben und wieder zu gehen. Er spuckte in die Augen der Blinden und sie waren fähig wieder zu sehen. Jesus war völlig frei von der verwaisten, gefallenen Natur dieser Welt. Er zeigte, wie der Vater wirklich ist und stellte die Erkenntnis, *dass der Vater uns liebt,* wieder her.

In den letzten Tagen Seines Lebens, bevor diese Welt Ihn ermordete, war Er *endlich* in der Lage, das auszudrücken, was im Herzen des Vaters für Generationen wie ein Vulkan brodelte. Jesus war in der Lage, das auszudrücken, was Sein Vater vermitteln wollte. Es war der Schrei im Herzen des Vaters seit Adam und Eva den Garten verließen, um ein vaterloses Leben zu führen – getäuscht vom Waisengeist.

Schließlich sprach Jesus das aus, was der Vater sagen wollte:

„ICH WERDE EUCH NICHT VERWAIST ZURÜCKLASSEN, ICH WERDE ZU EUCH KOMMEN!!"

Der Vater musste zurückbleiben, als Seine Kinder den Garten verließen und ihr Leben als Waisen begannen. Er sandte jedoch Seinen Sohn, um alles, was zwischen Ihm und uns stand niederzureißen und uns folgende Verheißung zu geben: *„Dann will ich euch aufnehmen und euer Vater sein und ihr sollt meine Söhne und Töchter sein, spricht der Herr, der Herrscher über die ganze Schöpfung"* *(2 Kor 6,18)*. Der Waisengeist, der von der gesamten Menschheit Besitz ergriffen hat, kann nicht einfach ausgetrieben werden. Er ist an sich nicht dämonisch, sondern stellt den Zustand des *menschlichen* Herzens dar. Wenn aber das menschliche Herz dem Vater begegnet, hat sein verwaister Zustand ein Ende.

Jesus ist nicht einfach nur die Tür, um *in* den Himmel zu kommen. *Er ist vielmehr die Tür, durch die der Vater zu uns kommt!* Der Vorhang im Tempel wurde nicht von oben nach unten zerrissen, damit wir hineingehen können. *Er wurde zerrissen, damit Er zu uns kommen konnte!* Er durchtrennte ihn und kam auf unsere Seite. Das gesamte religiöse System kollabierte in diesem Moment! Das Königreich Israels war zu Ende, der Tempel wurde nach vierzig Jahren zerstört und die königliche Blutlinie Davids verlief sich im Sand! Der Vater verließ den Tempel, um ein Vater für die gesamte Welt zu sein!

Das Evangelium ist im Grunde genommen ganz einfach. Es ist die Geschichte eines Vaters, der Seine Kinder verloren hat und sie wieder zurückhaben möchte.

Er sandte Seinen Sohn, um uns nach Hause zu bringen. Er sagte: „Sohn, geh und bringe sie nach Hause. Wer immer mit Dir kommen möchte, bringe sie nach Hause!" Das Werk von Gottes Geist ist es, uns aus unserem Waisenzustand zurück in das Leben der Sohnschaft zu bringen. Jesus kam als Sohn, um der Weg zurück zum Vater zu werden. Je mehr wir es lernen, als ein Sohn zu leben, desto mehr lernen wir den Vater kennen. Das ist der christliche Glaube! Ist das nicht wunderbar? Ich kann es kaum fassen, dass Er so gut ist! Es ist Seine Absicht uns Vater zu sein und alles Waisendenken aus unserem Leben zu verbannen. Er bringt uns, Seine Kinder, wieder zu Sich nach Hause.

KAPITEL 7

Das Geheimnis der Sohnschaft

Seitdem ich Christ bin, wurde mir beigebracht, ich müsse heranreifen und wachsen. Als Christen wollen wir stark, gut ausgebildet, kompetent und selbstbewusst werden – der Herr allerdings möchte uns in einen Zustand der Kindlichkeit hinein führen. In der Welt muss man gut ausgebildet sein, um zu überleben und erfolgreich zu sein, im Reich Gottes müssen wir jedoch wie kleine Kinder werden. Viele Jahre versuchte ich die ganze Arbeit zu bewerkstelligen, bis ich eines Tages entdeckte, um was es *wirklich* geht.

Der Herr hat unsere Perspektive in Bezug auf das christliche Leben radikal verändert. Als Denise und ich Mitte dreißig waren, leiteten wir eine kleine Gemeinde in einer Stadt in Neuseeland. Es war die zweite Gemeinde, die wir leiteten und die Arbeit hielt uns ziemlich auf Trab. Wir verbrachten die Abende und die Wochenenden damit, den Leuten seelsorgerlich zu dienen. Einmal kamen wir deshalb zwei Wochen in Folge nicht vor Mitternacht ins Bett. Es war unsere Vision ein Zentrum für den geistlichen Dienst zu gründen. Ein Freund von uns hatte über vierzig Hektar Land geschenkt bekommen und wir zogen dort hin, um ihm beim Aufbau dieses Zentrums zu helfen. Wir bauten Häuser, legten Stromleitungen und Abwassersysteme und erneuerten die Landstraße, die auf das Grundstück führte.

Dann sprach der Herr zu uns, dort ein großes Haus mit acht Zimmern zu bauen. Also fingen wir an, intensiv für die viertel Million Dollar zu beten, die wir für den Bau des Hauses benötigten. Zur selben Zeit erhielt ich immer mehr Einladungen, um außerhalb Neuseelands zu sprechen. Wir waren also vier Jahre lang Tag und Nacht damit beschäftigt, Gottes Werk zu tun. Wir taten alles, was wir konnten, um das Werk Gottes voranzutreiben.

Die Krise begann, als ich eines Morgens auf Denise wartete, bis sie die Treppe herunter kommen würde, damit wir in den Gottesdienst gehen konnten. Als sie die letzte Stufe erreichte, setzte sie sich auf einmal hin und fing an zu weinen. Jeder der Denise kennt, weiß, dass es einiges braucht bevor Denise anfängt zu weinen. Hatte jemand angerufen mit schlechten Neuigkeiten? Sie weinte so heftig, dass sie nicht einmal in der Lage war, mir zu sagen, warum sie weinte. Deshalb fragte ich weiter: „Was ist los?" Aber sie brachte es nicht fertig zu antworten. Alles was sie letztendlich heraus brachte war: *„Ich kann diese Leute einfach nicht mehr sehen."*

AUSGEBRANNT

Nachdem wir siebzehn Jahre lang mit vollem Elan dem Herrn gedient hatten, waren wir emotional vollkommen erschöpft. Wir hatten den Dienst gelebt, gegessen und geatmet. Ich lehrte an JMEM Schulen, wir beteten für sehr viel Geld für verschiedene Projekte und wir wurden als Sprecher nach Südostasien, Korea, die

USA, Kanada und auf die Südpazifischen Inseln eingeladen. Wir hatten unsere ganze Energie investiert, um dem Herrn zu dienen und kamen auf einmal an unsere Grenzen.

All dies ereignete sich im Jahr 1988. Wir beschlossen, dass wir nicht mehr länger im geistlichen Dienst arbeiten würden, solange sich Denises Zustand nicht verbesserte. Ich dachte damals, mir ginge es gut. Ich wurde eingeladen, um an vier verschiedenen JMEM Schulen in Australien zu sprechen. Wir sagten der Gemeinde also, dass wir uns eine sechsmonatige Pause gönnen würden, nachdem wir von unserem Einsatz in Australien zurück sind. Sobald wir jedoch in Australien ankamen, fing *ich* an zu weinen! Ich saß manchmal stundenlang auf dem Sofa und starrte mit tränenüberströmtem Gesicht auf den Boden. Wir waren beide emotional völlig erschöpft.

Ungefähr um diese Zeit kamen Ken Wright und seine Frau Shirley bei uns vorbei, um uns zu besuchen. Er war der Mann, der mich getauft hatte und einer der Männer, von denen ich gedacht hatte, ich könnte dem Herrn weismachen, dass ich ein Sohn von Ken sei. Als sie sich wieder auf den Heimweg machten, stieg Ken ins Auto, öffnete das Autofenster nur einen kleinen Spalt und sagte mit einem Zwinkern in den Augen: „Du weißt natürlich, dass nur dein Fleisch ausbrennen kann, oder James?" Es war gut, dass er das Fenster nicht zu weit geöffnet hatte, denn ich hätte ihm am liebsten einen Kinnhaken verpasst, als er das sagte. Denn wir *waren* beide komplett ausgebrannt.

Als ich Ken diese Worte sagen hörte, erwiderte ich innerlich im Zorn: „Ich habe nicht im Fleisch gearbeitet! Wir haben dafür gebetet, dass *alles* in der Kraft des Geistes geschieht und haben versucht alles in der Kraft des Geistes zu tun!" Wie konnte er so etwas zu mir sagen? Das Problem war jedoch, dass seine Aussage zweifellos richtig war. Es war einfach nicht möglich, dass ich erschöpft war, wenn das alles das Werk des Herrn gewesen sein soll und ich es wirklich in Seiner Kraft ausführte. Denn wenn du ausbrennst, dann ist das ein klarer Hinweis dafür, dass viel von „dir" selbst in dem Werk involviert gewesen ist. Es fiel mir schwer, dieser Tatsache ins Auge zu sehen. Ich wollte mit meinem Leben dem Herrn dienen und hatte nur ein Verlangen – dass der Herr durch mich mit *Seiner* Kraft und *Seinem* Geist fließen würde. Wir sangen oft das Lied: *„Es ist nicht durch Macht, und nicht durch Kraft, sondern durch meinen Geist, spricht der Herr."* Ich habe jedoch entdeckt, dass viele Leute dieses Lied singen und dann hinausgehen und all ihre Stärke und Kraft dazu benutzen, um Gottes Werk zu tun. In anderen Worten, das Singen allein macht scheinbar keinen Unterschied.

Durch die viele Arbeit waren wir vollkommen erschöpft und verließen den Dienst für die nächsten zwei Jahre. Wir ließen alles zurück und es sah fast so aus, als ob wir nie wieder dorthin zurückkehren würden. Denise glaubte, dass wir nie wieder in irgendeine Form von geistlichem Dienst involviert sein würden und ich hatte keine Idee, was ich mit dem Rest meines Lebens anfangen sollte, falls dies der Fall sein sollte. Also taten wir die folgenden zwei Jahre nur sehr wenig. Wir versuchten verschiedene Tätigkeiten aufzunehmen, aber die einfachsten Dinge erschienen uns als zu schwierig. Alleine schon für eine halbe Stunde in einer logischen Reihenfolge zu denken, war sehr schwer. Eine einfache Aufgabe, wie den Rasen zu mähen, kostete mich extreme Anstrengung. Nach dem Rasenmähen musste ich mich jedes Mal gleich zum Schlafen hinlegen. Nicht weil ich körperlich müde war, sondern weil mich die Anstrengung einfach mental erschöpfte.

Während dieser Zeit begann ich damit, viele Dinge des christlichen Lebens neu zu überdenken. Mein vorrangiges Ziel war immer, jede Verpflichtung und Pflicht zu erfüllen, egal, ob es sich dabei um meine private stille Zeit, meine Predigtvorbereitungen oder die Krankenbesuche handelte. Als ich als Pastor arbeitete, kamen ständig Leute in mein Büro, um ihre Probleme mit mir zu besprechen. Wenn sie dann das Büro verließen, fühlten sie sich besser. Sie waren ihre Probleme los, aber nun musste *ich* diese mit *mir* herumschleppen. Dies ging über viele Jahre so, bis es mir zu viel wurde. Also begann ich nach einem besseren Weg zu suchen.

DER DRUCK WACHSEN ZU MÜSSEN

Einige Jahre später wurde ich gebeten Pastor einer kleinen charismatischen Baptistengemeinde in Auckland zu werden. Also besuchte ich sie und berichtete ihnen über meinen Gesundheitszustand. Ich erzählte ihnen auch, was mein Hausarzt und meine engsten Freunde über mich sagten. Sie antworteten aber nur: „ Wir werden nicht viel von dir abverlangen. Wenn du dich einfach nur ein paar Tage in der Woche einbringen könntest, das wäre schon mal ein Anfang." Sie waren so gnädig mit uns. Die nächsten sieben Jahre verbrachten wir in dieser Gemeinde. Sie heilten uns und wir heilten sie. Ihr vorheriger Pastor und ihre Ältesten hatten einfach das Handtuch geschmissen. Irgendwie gelang es uns, die Leute wieder auf den Herrn auszurichten. Der Herr heilte uns alle während dieser gemeinsamen Zeit.

1994 hörte ich dann von der Ausgießung des Geistes in Toronto. Daraufhin flog ich nach Kanada und wurde tief von dem berührt, was Gott dort tat. Es fühlte sich so an, als wäre mir neues Leben eingehaucht worden. Ich konnte den Segen des Herrn spüren und fühlte, dass ein neuer Tag für uns angebrochen war. 1997 kauften wir dann ein Flugticket, das es uns erlaubte mit Jack Winter um den gesamten Globus zu reisen, und um zu sehen was Gott wohl durch uns tun würde. Das Resultat war, dass wir unsere Koffer für die nächsten viereinhalb Jahre nicht mehr auspackten und wir noch immer in diesem Dienst, in einem neuen Tag lebend, um die Welt reisen.

Als ich Christ wurde, wurde mir hauptsächlich folgende Botschaft vermittelt:

„Nun da du Christ geworden bist, musst du im Herrn heranwachsen. Du musst jetzt Reife entwickeln und siegreich leben, Bruder! Was auch immer geschieht, du musst den Durchbruch herbeiführen. Du musst Gott suchen und Ihn inmitten der Situation ausfindig machen, um ein Überwinder zu werden!" etc. etc.

Da war also dieser ständige Druck zu wachsen und reif zu werden. Wir sangen damals ein ganz bestimmtes Lied, das ich nicht sehr gerne sang. Der Großteil des Textes stammte direkt aus der Schrift, aber es gab da diesen einen Vers, der die Bedeutung all der Schriftstellen in dem Lied komplett verzerrte. Ich entschuldige mich schon einmal im Voraus bei demjenigen der das Lied geschrieben hat, aber der Liedtext lautete in etwa: *„Ich bin ein Überwinder, ich bin siegreich, ich herrsche mit Jesus. Ich bin mit Ihm an himmlische Örter versetzt."* Nun, das ist alles biblisch, aber dann kommt der Vers, den ich nie singen konnte. Dort heißt es: *„Ich kenne keine Niederlage, nur Stärke und Kraft."* Ich weiß, dass das ein positives Bekenntnis sein soll. Allerdings wäre diese Aussage eine Lüge für mich gewesen, da ich sehr viele Niederlagen in meinem Leben erlitten hatte und eben nicht nur Stärke und Kraft kannte.

Die Botschaft, die ständig bekräftigt wurde, war:

„Du musst Positives aussprechen. Du darfst dir keine negativen Gedanken erlauben, denn du bist ein Überwinder! Du musst im Glauben wandeln und am Sieg festhalten. Du musst dich am Riemen reißen, voller Glauben sein, du musst das Wort kennen, alle Botschaften anhören, allen Predigern zuhören und alle Bücher lesen. Du musst ein ‚ich-habe-es-alles-im-Griff‘- Christ werden, ein reifer Mann Gottes!"

Es gab da sogar diesen Spruch: „Wenn du Christ geworden bist, dann musst du wirklich alles im Griff haben!" Heute bin ich mir darüber aber im Klaren, dass selbst wenn du es *schaffst* alles unter einen Hut zu bekommen, es trotzdem nur aufgesetzt ist! Eine Menge unseres positiven Geredes hat mehr mit Angeberei als mit Glauben zu tun. Wenn wir jedoch über unseren wahren Zustand ehrlich sein können, anstatt die Realität zu verdrängen, dann haben wir geistlich schon einiges hinzugewonnen. Viele Dinge, die wir gelehrt wurden, haben eher etwas mit Verdrängung zu tun und Verdrängung hat nichts mit Sieg zu tun.

DER RITTER AUF DEM WEISSEN PFERD

Vor einigen Jahren hatte ich eine Vision, die sich als eine lebensverändernde Begegnung herausstellen sollte. In dieser Vision stand ich in einem uralten Wald. Ich wusste, dass es ein uralter Wald war, weil die Bäume riesige Eichen waren, deren Zweige sich weit über mir ausstreckten. Der Wald erinnerte mich ein wenig an den Sherwood Forrest aus Robin Hood. Ich stand also auf dem grasüberwucherten Waldboden und als ich aufblickte, sah ich auf einmal, dass ich auf einer uralten Straße stand, die offensichtlich schon lange nicht mehr benutzt wurde und mit Gras überwachsen war. Ich konnte gerade noch ihre Form erkennen, die sich fast unerkennbar durch den Wald schlängelte. Als ich dort stand, bemerkte ich auf einmal, dass sich mir etwas durch die Bäume hindurch näherte.

Als dieses Etwas näher kam, erkannte ich, dass es sich dabei um ein weißes Pferd handelte, auf dem ein Ritter saß. Seine Rüstung leuchtete in transparentem Weiß oder Silber. Der Ritter hielt ein Schwert in die Luft, und die flache Seite der Klinge, anstatt der Schneide (wie bei einem Angriff), war nach vorne gerichtet. Seine andere Hand hatte er offen nach vorne ausgestreckt. Das Seltsame war jedoch, dass er keine Zügel in der Hand hielt! Als er mir entgegenkam, konnte ich sehen, dass das Pferd sich *tänzelnd* fortbewegte – ein paar Schritte in eine Richtung und dann wieder ein paar Schritte in die andere Richtung. Es wiederholte diese Bewegung immer und immer wieder. Keiner der beiden schien es eilig zu haben, und der Ritter saß einfach nur mit erhobenen Händen da und hielt sein Schwert in die Luft.

Der Ritter kam auf seinem tanzenden Pferd langsam auf mich zu. Aus meinen Augenwinkeln konnte ich auf einmal sehen, wie sich etwas zwischen den Bäumen bewegte. Jetzt sah ich, wie sich Menschen aus der Dunkelheit des Waldes auf die Straße zubewegten. Denn das Leuchten des Lichts, welches das Pferd und den Ritter umgab, strahlte weit in die Dunkelheit des Waldes hinein. Manche der Menschen weinten und andere lachten wiederum. Andere waren verwundet und wurden geheilt und mit Freude erfüllt, als sie in das Licht hinein krochen. Manche tanzten wie kleine Kinder, hielten sich an den Händen und drehten sich im Kreis. Andere wiederum knieten mit erhobenen Händen am Wegrand und beteten den Herrn an, während der Ritter an ihnen vorbeiritt. Der Ritter war nicht der Herr selbst, trug jedoch Seine

Herrlichkeit mit sich, die von Ihm aus in die Dunkelheit hinaus strömte.

Auf einmal realisierte ich, dass ich mitten auf der Straße stand. Allerdings gab es nichts zu befürchten und ich hatte nicht den Eindruck, dass ich mich an den Wegrand zurückziehen sollte. Ich stand also dort, als das Pferd auf mich zukam und direkt vor mir anhielt. Der Ritter hatte das Visier nach unten geklappt, so dass sein Gesicht vor mir verborgen war. Um es genau zu nehmen, schien es nicht so, als ob er an mir interessiert war oder mich überhaupt bemerkte. Er saß einfach nur da, ohne sich auch nur im Geringsten zu bewegen. Dann hatte ich das intuitive Gefühl, dass ich meinen Fuß auf den des Ritters im Steigbügel stellen sollte. Also stellte ich meinen Fuß auf seinen von Rüstung umkleideten Fuß und zog mich neben ihm am Pferd nach oben. Noch immer veränderte er seine Position nicht – sein Schwert war noch immer erhoben und seine Hand noch immer ausgestreckt. Ich starrte ihn an, konnte aber sein Gesicht aufgrund des heruntergeklappten Visiers nicht erkennen und der Schlitz für die Augen war so eng, dass man rein gar nichts dahinter erkennen konnte.

Deshalb streckte ich mich aus und hob das Visier an, damit ich sein Gesicht sehen konnte. Aber als ich das Visier hochklappte, war da überhaupt kein Gesicht! Dann sah ich durch die Halsöffnung der Rüstung nach unten und konnte erkennen, wie unten in der Rüstung ein kleiner Junge saß – nur ein kleiner Junge! Und er hatte ein breites Grinsen auf seinem Gesicht, so als ob er sagen wollte: *„Das ist der Witz des Jahrhunderts! Ich sitze hier einfach auf diesem Pferd und wir tanzen durch die Gegend und all diese Dinge passieren um mich herum und Menschen kommen zum Herrn, Leute werden berührt, gerettet, geheilt und gesegnet und alles Mögliche geschieht – und sie glauben, ich bin solch ein großer Ritter Gottes. Aber ich bin* *nur ein kleiner Junge!"* Als ich dies sah und das breite Grinsen auf dem Gesicht des kleinen Jungen, begann ich zum allerersten Mal in meinem Leben zu verstehen, was der christliche Dienst wirklich ist.

DIE GEMEINDE IST EIN FEST

Die Gemeinde wurde über die Jahre hinweg auf unterschiedliche Arten beschrieben. Sie wurde zum Beispiel als Armee bezeichnet. Jemand schrieb sogar ein Buch mit dem Titel „*Die Braut in Armeestiefeln*". Obwohl ich ehrlich gesagt das Buch nie gelesen habe, muss ich zugeben, dass ich den Titel nicht sonderlich mag. Stelle dir vor, du gehst zu einer Hochzeit und die Musik beginnt beim Erscheinen der Braut zu spielen … hier kommt die Braut … stampf, stampf, stampf. Die Hochzeitsgäste drehen sich um und sehen wie sie den Mittelgang herab schreitet, während ihre Armeestiefel auf dem Steinboden entlang hämmern. Ich kann mir die Braut einfach nicht so vorstellen.

Wir hatten einfach angenommen, dass die Gemeinde eine Armee ist und dass sich jeder einordnen müsste, um im Gleichschritt marschieren zu können. In der Gemeinde gibt es jedoch eine Vielzahl von Begabungen und mehr Freiheit für den Einzelnen, als wir uns jemals erträumten. Sie ist ein Ort, an dem die Individualität des Einzelnen zusammen mit anderen Persönlichkeiten in vollkommener Weise ausgedrückt werden kann. Die Gemeinde ist eine Symphonie von Begabungen unter der Leitung des Heiligen Geistes. Andere wiederum haben die Gemeinde als ein Krankenhaus bezeichnet, wo wir alle im Bett liegen, um wieder zu genesen. Das ist eine sehr weitverbreitete Idee in Gemeindekreisen, aber ich weiß jetzt, dass die Wahrheit viel aufregender ist. Willst du wissen, was die Gemeinde *wirklich* ist? *Die Gemeinde ist ein Fest.*

Als junger Christ wurde ich ständig dazu angehalten, hinauszugehen und die Welt zu retten! Die Welt braucht natürlich Rettung! Und die Lösung ist Jesus. Doch meine Erkenntnis und mein Verständnis, auch nicht das des christlichen Glaubens, rettet die Welt nicht. Nach meinem Burnout kamen wieder Leute mit ihren Problemen zu mir. Als ich ihnen zuhörte, wiederholte ich in meinem Kopf immer wieder den Satz: „Das ist nicht mein Problem. Ich muss es nicht lösen." Ich betete, dass der Herr diesen Menschen helfen und ihnen dienen würde, weil ich diese Last nicht auf mich nehmen konnte. Es gibt Dinge in unserem Leben, die nur für uns und den Herrn bestimmt sind. Andere Menschen können dir helfen, aber sie können dich nicht tragen. Also lernte ich, nicht mehr von diesen Dingen belastet zu werden und stattdessen mehr wie ein kleines Kind zu leben.

KINDLICHKEIT

Ich habe festgestellt, dass die wunderbarsten und Christus ähnlichsten Menschen vor allem eine Charaktereigenschaft vorweisen. Es sind diejenigen, die auch am kindlichsten sind. Jack Winter war unglaublich kindlich. Er glaubte einfach was die Bibel sagt und aufgrund dessen sah er Gott viele unglaublichen Dinge tun.

Jack hatte eine Fürbitterin namens Amy, die ständig für ihn betete und später auch für uns in Fürbitte vor Gott trat. Sie war über achtzig Jahre alt, als ich ihr zum ersten Mal begegnete. Sie kam nach Neuseeland und betete für mich zwei Wochen lang, acht Stunden am Tag, mit Hilfe des Sprachengebets. Das war ihre Aufgabe. Mit einer Freundin zog sie sich in einen kleinen Raum zurück und verschloss die Tür hinter sich. Wir hörten dann die unglaublichsten Geräusche aus diesem Raum kommen, als die beiden mit großer Autorität beteten. Als sie dann allerdings mit

Beten fertig war, um mit uns zu Mittag zu essen, war sie wie ein kleines, dreijähriges Mädchen! Sie erzählte die ganze Zeit nur Witze. Es machte viel Spaß, mit ihr zusammen zu sein und ihr Lachen hatte diese unschuldige Reinheit, welches keinerlei Spur von Einbildung enthielt. Sie hatte kein eingebildetes Gebaren, genauso wenig wie ein kleines Kind.

Wir wurden oft gelehrt, dass wir erwachsen werden müssen, fachkundig und reif, voller Glaube und Kraft. Man sagte uns, dass wir jede Lektion lernen und Erkenntnis ansammeln müssten, damit wir alle Fragen der Menschen beantworten könnten. Viele Prediger sagten zu mir: „Wenn die Gemeinde nur ihre Arbeit machen würde, dann könnten wir uns um dieses oder jenes kümmern, denn es ist unsere Aufgabe die Welt in Ordnung zu bringen." Weißt du, was ich allerdings herausgefunden habe? Gott fand uns in der Gosse, unter den Büschen und den Gassen dieser Welt – und für manche von uns trifft dies sogar wortwörtlich zu. Unser Leben war verpfuscht, wir waren zerbrochen und am Ende unserer Kräfte. Wir sind nicht die angesehenen Leute dieser Welt und wir sind nicht diejenigen, die alles im Griff haben. Stattdessen waren wir die ohne Hoffnung, die nichts hinbekommen haben. Er aber hat mich unter irgendeinem Baum, draußen in der Wildnis gefunden. Ich habe keine Ahnung, warum Er mich ausgesucht hat. Denn immerhin gehörte ich zum Abschaum der Gesellschaft. Warum kam Er also ausgerechnet zu mir?

Der Sinn des menschlichen Daseins ist es *Gott anzubeten und Ihn für immer zu genießen*, sagt das Westminster Bekenntnis. Das sollte genügen, mehr brauchen wir nicht und das trifft auf unseren Dienst, als auch auf unser persönliches Leben zu. Der christliche Glaube ist nicht der Weg der größeren Kompetenz, sondern ein Weg in die Kindlichkeit. Denn je kindlicher wir werden, umso mehr werden wir Seine Nähe erleben, und je mehr wir Seine Gegenwart erfahren, umso kindlicher werden wir. Wenn Jesus uns lehrt: *„Es sei denn, ihr werdet wie eines dieser kleinen Kinder, ansonsten könnt ihr nicht in das Reich Gottes eintreten."* Wie können wir dann annehmen, Er selbst hätte einen anderen Weg eingeschlagen?

Kinder wissen, wie man das Leben genießt. Fragen wir uns doch einmal: Wer hat mehr Freude, ein Kind oder ein Anwalt? Wer kann wirklich von Herzen lachen, ein Architekt, ein Polizist oder ein kleines Mädchen? Die Antwort ist immer: Das Kind. Warum? Weil Kinder sich noch nicht in all die Kompetenz-Fragen dieser Welt verstrickt haben. Sie lachen über Dinge, die uns nicht einmal mehr ein Lächeln abverlangen. Sie haben diese unglaubliche Fähigkeit den gegenwärtigen Moment zu genießen. In vielen Fällen hat das Christsein, das wir kennen den Ernst des Lebens jedoch für uns nur noch bestärkt. Wir können versuchen alle Regeln zu halten, ständig in der Angst einen Fehler zu begehen, und schaffen es doch nicht alles richtig zu machen. Kein Wunder also, wenn eine ungläubige Person uns anschaut und denkt: *„Ich will auf keinen Fall so werden!"*

JESUS IST KINDLICH

Jesus selbst war überaus kindlich. Deshalb lesen wir in Matthäus 11,25: *„In jener Zeit sprach Jesus: Ich preise dich, Vater, Herr des Himmels und der Erde, weil du all das den Weisen und Klugen verborgen, den Unmündigen aber offenbart hast."*

Es hat Jahre gebraucht, bis ich verstand, dass Jesus hier eigentlich über sich selbst spricht. Was ist „all das", über was Er hier spricht? Es sind die Dinge, über die Er in den vergangenen Kapiteln gelehrt hat. Wenn sie nicht den Weisen und Klugen offenbart wurden, wem wurden sie dann offenbart? *Sie wurden Jesus offenbart.* Er war der Einzige, der darüber lehrte und *der Vater lehrte Ihn diese Dinge, weil Er das Herz eines Kindes hatte.* Er sagte auch: „*Meine Lehre habe ich nicht aus mir selbst.*" (Johannes 14:10, *aus dem Englischen übersetzt*). In anderen Worten: „Ich habe nicht zu jedem Detail der Theologie eine Meinung, ich muss nicht auf jede lehrmäßige Frage eine Antwort haben."

Er sagte auch: „*Der Sohn kann nichts von sich aus tun*" (Johannes 5,19). Er sagte weder: „Der Sohn *will* nichts von Sich aus tun." Noch sagte Er: „Der Sohn *entschied sich,* nichts von Sich aus zu tun." Denn viele von uns haben diese Schriftstelle auf diese Art und Weise interpretiert. Stattdessen sagte Er: „Der Sohn *kann* nichts von sich aus tun." Was für eine unglaubliche Aussage! In anderen Worten: „Nichts in mir kann die Dinge, die ich tue, tun oder die Dinge lehren, die ich lehre. Die Wunder die ich tue, geschehen *durch* Mich, nicht ich tue sie. Die Worte, die ich spreche, sind nicht meine Worte. Es ist der Vater, der in mir lebt, der alle diese Dinge tut."

Ich sage das mit größter Ehrfurcht. Aber ich glaube Jesus war in diesem Sinn extrem inkompetent. Er war kein Erwachsener, der alles im Griff hatte! Er war kindlich. Wir aber streben so oft nach dem, was weise und klug ist. Deshalb sagte Jack Winter oft, dass diese Offenbarung sehr schwer für Pastoren und Leiter zu empfangen ist. Da ich selbst als Pastor gearbeitet habe, kann ich sehr gut verstehen, unter welchem Druck Pastoren und geistliche Leiter stehen. Viele Pastoren halten diese Offenbarung für eine gute Sache für ihre Gemeinde, aber für nicht anwendbar für ihre Leitung. Gemeindeleiter müssen ihre Herzen öffnen, um alles zu empfangen, was Gott für sie hat.

Weisheit bedeutet, in der jeweiligen Situation richtig zu handeln, während Klugheit damit zu tun hat, die richtige Entscheidung für die Zukunft zu treffen. Pastoren können sich sehr darauf versteifen, alles richtig machen zu wollen – „Was ist das Richtige zu sagen, die richtige Art, eine Situation anzugehen und dann das Richtige zu tun? Was machen wir im Leiterschaftstreffen? Wie bereiten wir uns auf die nächsten fünf Jahre vor?" Und so langsam geht es dann immer mehr darum, das Leben richtig zu meistern und „die richtige Sache" zu tun. Deshalb glaubte Jack, dass in vielen Fällen Pastoren zu den „Weisen und Klugen" geworden sind und ihr kindliches Herz verschlossen haben.

Ich sage nicht, dass wir diese Dinge nicht tun sollten, aber wir sollten nicht annehmen, dass dies irgendetwas mit geistlicher Reife zu tun hat. Wenn wir meinen, wir seien geistlich reife Christen, nur weil wir all diese Dinge tun, dann wird Weisheit und Klugheit zu unserem Lebensziel. Dies kann für uns ein Hindernis werden, Offenbarung zu empfangen. Denn Offenbarung wird nur von einem *kindlichen* Herzen empfangen. Ich glaube, dass dies einer der Gründe ist, warum der Leib Christi im vergangenen Jahrhundert so wenig Fortschritte in wahrer Offenbarung und in der Herzensbeziehung mit Gott gemacht hat. Wir waren darauf fokussiert, die Weisen und Klugen zu werden, doch in Wahrheit will uns der Herr dahin leiten, wie kleine Kinder zu werden.

Alles zu wissen macht auch nicht glücklich

Vor ein paar Jahren war ich einmal zu Besuch in Holland in einer Stadt namens Vlissingen. Während ich eines Morgens mit meinem Gastgeber unseren gemeinsamen Kaffee genoss, sagte er auf einmal zu mir: „James, ich habe etwas entdeckt: *Alles zu wissen macht auch nicht glücklich.*" Diese Aussage traf mich bis ins Mark. Denn vom ersten Tag an, als ich Christ wurde, hatte man mir eingetrichtert, dass ich alles wissen müsste und als geistlicher Leiter zu allem eine Meinung haben sollte. Ich sollte wissen, was jede Schriftstelle wirklich bedeutet oder zumindest genügend Informationen bezüglich der verschiedenen Interpretationen vorweisen können. So stand ich unter dem Druck *alles wissen zu müssen.*

Ein wenig später – noch immer in Holland – sollte ich an einem Männertreffen sprechen. Ich teilte mein Zimmer mit einem holländischen Mann, der eine tief dröhnende Stimme hatte. Während dieser Zeit wurden wir richtig gute Freunde. Nachdem am Sonntag die letzte Predigteinheit gehalten worden war, saßen wir auf unseren Stockbetten und warteten darauf, dass man uns zurück nach Amsterdam fahren würde. Als wir dort zusammen saßen, stellte mein neuer Freund mir eine Frage in Bezug auf geistliche Leiterschaft oder auf jeden Fall etwas, das mit dem geistlichen Dienst zu tun hatte und ich antwortete: „Oh, ich habe keine Ahnung." Seine Augen wurden groß wie Teller und dann fiel er *laut lachend* zurück aufs Bett. Das ganze Bett wackelte als er lachte. Nach ein paar Minuten, sah er mich noch einmal an und fragte mich: „Du hast keine Ahnung?" Ich antwortete wieder: „Nein, ich habe keine Ahnung." Und er fiel wieder zurück auf das Bett, wo er sich vor Lachen schüttelte. Ich saß einfach nur da und wunderte mich über seine Reaktion, bis er sich endlich wieder aufrichtete und zu mir sagte: „James, du bist der Prediger. *Du musst eine Ahnung haben!"* Das ist der Druck, unter dem wir stehen: Der Druck Erkenntnis anzusammeln, Weisheit zu erlangen und Experten zu werden.

Das Lied von Paul Simon

Nachdem Denise und ich unseren Burnout erlitten hatten, flogen wir nach Australien. Wir nahmen einen schon lange im Voraus geplanten Dienst wahr und dienten in einigen JMEM Schulen. Es war eine schreckliche Zeit. Wir waren völlig erschöpft, aber der Herr half uns, all die Dinge zu tun, die wir tun mussten. Wir fuhren von Adelaide durch die Buschlandschaft auf dem Weg nach Brisbaine und waren gerade an einer Stadt namens Bourke im äußeren Westen von New South Wales vorbeigefahren. Es gibt eine australische Redewendung die besagt, dass wenn man „hinter Bourke" angekommen ist, dass man sich dann im wirklichen Buschland aufhält! Nicht einmal die meisten Australier wagen sich so weit vor. Wir fuhren also diese Straße entlang, wo man zwölf Stunden fahren kann, ohne dass sich irgendetwas in der Landschaft bemerkbar verändert.

Während wir so entlang fuhren, hörten wir uns Paul Simons Album *Graceland* über unsere Autostereoanlage an. Irgendwann kam dann ein Lied, das von Charlie dem dicken Erzengel handelte. Der Text ging ungefähr folgendermaßen: „*Der dicke Charlie schlurfte ins Zimmer und sagte: ‚Ich habe keine Meinung über dies. Ich habe keine Meinung über jenes'.*" Als wir das hörten, fingen Denise und ich auf einmal lauthals an zu lachen. Nicht einmal ein „Erzengel" hat eine Meinung zu allem! Es ist also in Ordnung nicht alles zu wissen! Anscheinend sogar wenn du ein Erzengel bist! Als wir anfingen zu lachen, begann sich der Druck in uns allmählich aufzulösen. Denn nachdem wir all diese Jahre danach gestrebt hatten, uns im geistlichen Dienst bestens auszukennen, stellte der Gedanke, dass ein „Erzengel" keine Ahnung hatte, eine große Erleichterung dar.

„Beschäftigt, beschäftigt, beschäftigt"

Wenn ich in Gemeinden spreche, habe ich oft die Gelegenheit, ein wenig Zeit mit dem Pastor zu verbringen, bevor das Treffen beginnt. Eine Gemeinde hat, genauso wie eine Nation, ihre eigene Kultur. Ich war schon in vielen verschiedenen Gemeinden. Wenn ich also zum allerersten Mal in eine Gemeinde komme, versuche ich meine geistlichen Fühler auszustrecken, um herauszufinden, was die vorherrschende Kultur und Ansichten sind, damit ich mit ihren Mitgliedern in Übereinstimmung effektiv kommunizieren kann. Sehr oft stelle ich dem Pastor dann ein paar Fragen und die Antworten helfen mir dann, Einsicht in die Situation zu gewinnen. Eine der Fragen, die ich dem Pastor gewöhnlich stelle, ist: „Wie geht es deiner Gemeinde?" Und meistens bekomme ich dann eine Antwort, etwa in der Art:

„Oh, wir sind sehr beschäftigt. Hier GEHT was! Es ist so viel los und die Gemeinde ist wirklich am Wachsen. Wir haben bald diese Konferenz und jener Sprecher wird uns besuchen. Wir vergrößern den Parkplatz und brauchen eine größere Küche. Wir haben ein Team, das dieses Wochenende nach Afrika fliegt, um dort zu dienen. Die Jugendgruppe ist auch am Wachsen. Um es genau zu nehmen, sie ist mittlerweile so groß, dass wir neue Pastoren nur für die Jugendarbeit angestellt haben. Auch brauchen wir unbedingt mehr Parkplatzanweiser. Wir sammeln Geld für dieses und wir sammeln Geld für jenes. Wir gründen gerade eine neue Gemeinde hier und eine weitere dort. Der Dienst an den Frauen läuft richtig gut und wir haben Einsätze in der Nachbarstadt."

Alles was ich höre ist: „Beschäftigt, beschäftigt, beschäftigt." Viele Pastoren glauben, dass man das hören möchte. Bei dir als Gastredner wollen sie natürlich einen guten Eindruck hinterlassen. Wenn ich allerdings über all diese Aktionen höre, denke ich mir für gewöhnlich: „Uh, oh. Was ist denn hier los?"

Stell dir dazu einmal vor, dass du eines Tages auf Jesus, während

Seiner Tour durch Nazareth, triffst und ihm folgende Frage stellst: „Wie läuft es mit deinem Dienst, Jesus?"

„Oh, ich bin beschäftigt, beschäftigt, beschäftigt! Heute Nachmittag sind wir in Kapernaum; wir müssen ein Boot organisieren, mit dem wir raus fahren können, denn da wird ein ganz schön großer Andrang an Menschen sein. Natürlich haben wir keine Mikrophone, aber wir können das Wasser benutzen um meine Stimme zu verstärken. Außerdem ist Lazarus gerade gestorben und ich sollte eigentlich schon lange in Bethanien sein, Maria und Martha sind schon ganz aus der Fassung. Ich hätte schon vor ein paar Tagen dort sein sollen, aber es ist nun mal eben nur schnell, schnell, schnell! Ich bin nur dabei zu lehren und zu predigen, wohin ich auch gehe und dabei mit den Jüngern zu arbeiten, Petrus hat so seine Probleme. Dann war ich damit beschäftigt, die Geldwechsler aus dem Tempel zu werfen. Und wie du vielleicht weißt, jemand ist gestorben und man hat mir aufgelauert und ich musste woanders hin, um jemand anders von den Toten aufzuerwecken. Wir sind also etwas hinterher in unserer Terminplanung. Wir haben die Frau mit den Blutungen wieder hingekriegt und sind schon wieder unterwegs – es muss alles immer nur schnell, schnell, schnell gehen! Ich muss wirklich so bald wie möglich diese Jünger trainieren."

Ich glaube nicht, dass Jesus so reagiert hätte, wenn wir ihn gefragt hätten, wie Sein Dienst läuft! Wahrscheinlich hätte Er eher so geantwortet: *„Der Vater ist wirklich wunderbar. Wir haben gesehen, wie Er ein paar unglaubliche Dinge vollbracht hat. Wir machen einfach mit, weil es Spaß macht, weißt du. Es ist unglaublich was Er alles tut. Aber das bin nicht ich, der diese Dinge tut, Er tut sie! Er sagt mir, was ich sagen soll und ich sage es. Dabei ist es unglaublich zu beobachten, was geschieht, wenn ich weitergebe was Er mir zeigt. Spektakuläre Dinge geschehen, wenn ich die Leute*

*berühre. Wir sind vor ein paar Tagen diesem Typ mit einem verküm-
merten Arm begegnet und der ganze Arm wurde wiederhergestellt.
Es war einfach nur wundervoll! Wir haben solch eine gute Zeit!"*

Ich glaube, Er wäre voller Freude gewesen. Als die Jünger von
Johannes dem Täufer zu Ihm kamen, fragten sie Ihn: *„Bist du
der Messias oder müssen wir auf einen anderen warten?"* Er aber
antwortete ihnen: *„Geht hin und berichtet ihm, was ihr hört und
seht. Die Blinden sehen, die Lahmen gehen und die Tauben hören
wieder."* Scheinbar verspürte Er nicht das Bedürfnis Johannes zu
versichern, dass Er der Messias war. Ich glaube, dass Er *wirklich*
sagen wollte: „Es ist wundervoll was geschieht. Wir tun jedoch rein
gar nichts. Es ist Gott der alles tut. Wir sind einfach nur wie kleine
Kinder, die im Matsch spielen und es macht einen riesigen Spaß."

Wie ich vorher bereits erwähnte, habe ich das Reich Gottes als
ein Fest kennengelernt. Wir haben es jedoch sehr oft zu einem
evangelistischen Einsatz oder einem Anlass mit einem bestimmten
Zweck gemacht. Wir haben es zu etwas Ernstem und Schwierigem
gemacht. Aus diesem Grund haben wir vielleicht unsere Schwierigkeiten damit, jemanden in die Gemeinde zu bekommen, während
es nie schwer ist jemanden auf eine Party einzuladen.

DEINE SCHWACHHEIT IST DEINE STÄRKE

Der Apostel Paulus wusste, was es bedeutet in dem Paradox der
Schwachheit zu leben, denn er spricht darüber in seinem zweiten
Brief an die Korinther. Ganz nebenbei, ich finde es interessant,
wie oft Paulus über sich selbst spricht. Es wäre eine faszinierende
Studie, sich einmal die ganzen Begebenheiten anzusehen, in denen
Paulus das Wort „ich", „mich", oder „mein" in seinen Schriften
benutzt. Er rät seinen Lesern zum Beispiel ganze sechsmal in

seinen Briefen: „Imitiert mich." Ich würde also vorschlagen, besonders darauf zu achten, wann immer Paulus über sich selbst spricht. So wie in 2. Korinther 12,7, wo er schreibt:

„Damit ich mich wegen der einzigartigen Offenbarungen nicht überhebe, wurde mir ein Stachel ins Fleisch gestoßen; ein Bote Satans, der mich mit Fäusten schlagen soll, damit ich mich nicht überhebe."

Wir können nicht mit Sicherheit sagen, was der Stachel im Fleisch war. Wir wissen aber mit Sicherheit, dass Paulus ein Problem hatte und dass es kein einfaches Problem war. Manche Leute haben darüber Witze gemacht, dass es seine Ehefrau war. Das klingt für mich sehr unglaubwürdig! Denn ich habe herausgefunden, dass Ehemänner viel eher das Potential zum Stachel im Fleisch haben, als ihre Ehefrauen. Manche Leute lehren, dass Paulus' Stachel im Fleisch seine kleine Körpergröße war, weil sein Name „klein" bedeutet. Für einen Mann von seinem Kaliber hätte dies jedoch kein Problem sein sollen. Manche Leute haben behauptet, dass sein Stachel im Fleisch damit zu tun hatte, dass er langsam erblindete. Nun, das ist eine Möglichkeit. Immerhin schrieb er in Galater 4,15: *„Wäre es möglich gewesen, ihr hättet euch die Augen ausgerissen, um sie mir zu geben."* Er wusste wie sehr sie ihn liebten, weil er das Evangelium mit ihnen geteilt hatte. Doch was auch immer der Stachel im Fleisch gewesen sein mag, er war auf jeden Fall ein Problem. Darüber hinaus beschreibt er ihn als einen „Boten Satans". Es muss also eine ganz schön herausfordernde Sache für ihn gewesen sein.

Dann schreibt er im nächsten Vers:

„Dreimal habe ich den Herrn angefleht, dass dieser Bote des Satans von mir ablasse."

Nun, Paulus hatte so einiges durchlitten und er hatte die Gnade Gottes in alledem erfahren. Aber um was auch immer es sich handelte, es führte dazu, dass er dreimal Gott anflehte diesen Stachel im Fleisch wegzunehmen. Das war offensichtliche eine sehr schwierige Sache, mit der er da leben musste. Doch als er den Herrn darum bat sie wegzunehmen, wurde ihm seine Bitte abgeschlagen. Gott antwortete ihm jedoch: *„Meine Gnade genügt dir; denn sie erweist ihre Kraft in der Schwachheit."*

Meine Kraft erweist sich in Schwachheit. Die Wahrheit ist: Wenn du möchtest, dass die Kraft Gottes auf dir ruht, du dich aber auf deine eigene Kraft verlässt, wird dich das in der Tat davon disqualifizieren, dass die Kraft Gottes durch dich wirkt. Denn die Kraft Gottes wirkt durch Menschen, die schwach sind. Paulus' Stärke lag nicht darin, dass er stark und kompetent geworden war und alle Antworten wusste. Im Gegenteil, die Gnade Gottes ruhte auf ihm *aufgrund* seiner Schwachheit. Deshalb sagte der Herr zu ihm: *„Meine Gnade genügt dir; denn sie erweist ihre Kraft in der Schwachheit."*

Ich habe folgendes entdeckt: Wenn du glaubst, dass Gott durch dich wirkt, weil du so viel betest, oder weil du dieses oder jenes getan hast, *dann wird dein Herz den Ruhm für sich selbst beanspruchen.* Du kannst sogar sagen: „Ich gebe dem Herrn alle Ehre." Aber der Herr schaut nicht auf deine Worte, sondern auf dein Herz. Wenn dein Herz den Ruhm für sich beansprucht, dann wird das die Kraft Gottes in deinem Leben blockieren. Denn Er teilt Seine Herrlichkeit mit niemand anderem. Man benötigt Glauben, um zu wissen, dass es nichts in uns gibt, was uns dafür qualifizieren würde, dass Gott durch uns wirkt. Man benötigt mehr Glauben sich vorzuwagen und einfach darauf zu vertrauen, dass Er durch einen wirkt. Und dann benötigt man noch mehr Glauben, wenn man die überwältigende Gewissheit hat, dass es absolut gar nichts in einem gibt, das Gott in irgendeiner Form benutzen könnte.

SEI EIN KLEINES KIND

Ein weiteres Beispiel von Paulus' Schwachheit können wir in 1. Korinther 2 finden. Die Experten stimmen darin überein, dass die Gemeinde in Korinth die weltlichste Gemeinde der damaligen Zeit war. Das war auf jeden Fall ihr offizieller Ruf wohin man auch ging. Und hier ist Paulus, der beste rabbinische Student seiner Zeit. Er war akademisch brillant und erfüllt mit religiösem Eifer. Er hatte diese unglaubliche Offenbarung vom Herrn, so unglaublich, dass ein Stachel im Fleisch nötig war, damit er nicht überheblich werden würde. Selbst der Apostel Petrus verstand viele der Dinge nicht, über die Paulus sprach. Deshalb schrieb er (in 2. Petrus 3,16): „... *unser geliebter Bruder Paulus ... (hat) geschrieben; es steht in allen seinen Briefen, in denen er davon spricht. In ihnen ist manches schwer zu verstehen.*" Paulus' Grad an Offenbarung war offensichtlich unglaublich, und nun kam er zu den Korinthern und versuchte ihnen zu helfen.

In Kapitel 2, Vers 3, schreibt er an die Gemeinde in Korinth: *„Zudem kam ich in Schwäche und in Furcht, zitternd und bebend zu euch."*

Er kam nicht nach Korinth mit der Einstellung: „Ich weiß über diese ganze Gemeindewachstumssache Bescheid. Ich weiß wie es läuft. Ich kann zu euch kommen und alle eure Probleme lösen. Ich weiß wie ich mit den Gemeindeleitern und den Mitarbeitern sprechen muss. Ich habe meine Erfahrungen gemacht und habe genügend Übung. Ich kenne mich aus. Ich kriege eure Gemeinde in einer Woche, höchstens zwei Wochen, wieder hin – kein Problem."

Er hat nichts dergleichen gesagt. Stattdessen schrieb er: „*Zudem kam ich in Schwäche und in Furcht, zitternd und bebend zu euch.*" Er hatte keine Ahnung, was zu tun ist.

Paulus hatte dasselbe Geheimnis wie auch Jesus kennengelernt: Sei ein kleines Kind. Denn wenn wir denken, wir wüssten wie man alles macht, dann haben wir uns dadurch selbst disqualifiziert.

Gott kommt jedoch zu uns in unserer Schwäche. Wir müssen nicht alles im Griff haben, um ein Sohn oder eine Tochter Gottes zu sein. Katie, eine von Denises besten Freundinnen, gab vor ein paar Jahren mal ihr Zeugnis und, um ehrlich zu sein, ich habe noch nie solch ein umwerfendes Zeugnis, wie das ihre gehört. Je länger sie erzählte, umso mehr fühlte ich mich mit ihr als meine Schwester verbunden. Ich hatte nicht dieselbe Art von Schmerz in meinem Leben erfahren, aber ich konnte mich mit ihrer Geschichte identifizieren. Wenn Menschen sich in all ihren Stärken präsentieren und vorgeben, alles im Griff zu haben, habe ich absolut keine Ahnung wie ich mich damit identifizieren kann. Ich weiß, es gibt Zeiten, da *sieht es so aus,* als ob ich alles im Griff hätte und wenn die Salbung durch mich wirkt, kann es so aussehen, als ob ich den Panzer einer Rüstung trage. Es mag so erscheinen, als ob ich wirklich ein Ritter Gottes bin. *Aber nimm einfach den Helm ab und schaue in die Rüstung.*

DAS SCHAUSPIEL IST VORBEI

In der Vergangenheit gab ich vor eine kompetente Person zu sein. Ich lernte all die verschiedenen kleinen Tricks, mit denen man Stärke vorspielen kann. Dann begann ich zu erkennen, dass meine Schwäche in Wirklichkeit meine größte Stärke ist. Ich bin nur ein Jäger, der aus Versehen gerettet wurde! Es war nicht meine Schuld!

Eine sehr mutige Person prophezeite einmal über mir, dass ich ein Lehrer des Wortes werden würde. Wenn du gesehen hättest, wie ich an jenem Tag aussah, hättest auch du geglaubt, dass dies die mutigste Prophetie war, die jemals irgendjemand einer anderen Person weitergab. Aber ich war verrückt genug, ihr zu glauben. Also dachte ich mir, dass wenn ich ein Lehrer des Wortes werden würde, ich besser mal anfange es zu lesen. Ich habe seitdem nie aufgehört das Wort zu lesen und fühle mich nun, als ob ich in einem Fluss der Offenbarung stehe. Mir ist völlig bewusst, dass meine Kompetenz rein gar nichts damit zu tun hat.

Die letzten paar Jahre waren die beste Zeit unseres Christseins. Aber ich konnte diese Freiheit und Freude erst erleben, als ich mein Streben jemand besonderes sein zu wollen losließ, um einfach nur ein kleiner Junge in den Armen meines Vaters zu sein.

Was ist also der Schlüssel um die Offenbarung der Liebe des Vaters zu empfangen? Werde einfach ein kleines Kind. *Ein kleines Kind.* Je mehr du versuchst gebildet zu erscheinen und alles zu wissen, alle Bibelstellen liest, dir alle Predigen anhörst und über alles Bescheid weißt, je mehr du der große, starke, reife Mann oder die reife Frau Gottes sein möchtest, desto weniger wirst du in der Lage sein, den Vater als einen liebenden Vater in deinem persönlichen Leben kennenzulernen.

In meiner Vision des Ritters, der aus dem Wald herausritt, fühlte ich mich selbst wie ein kleiner Junge, *der auf einem weißen Pferd sitzt.* Das weiße Pferd ist der Heilige Geist und wenn du dich auf dieses Pferd setzt, kannst du dich nicht an den Zügeln festhalten. Du musst dort hingehen, wohin auch immer das Pferd tanzt. Es ist in der Tat ein Tanz. Gott möchte durch uns wirken. Er möchte Seine Kraft durch uns offenbaren, aber das Paradoxe daran ist, dass *unsere Schwäche unsere größte Stärke ist.* Hast du irgendwelche Schwächen in deinem Leben? Hast du Probleme, die du nicht in den Griff bekommst? Sie sind deine größte Stärke. So oft warten wir darauf, dass Gott alle Probleme beseitigt, bevor Er durch uns wirken kann. Aber lass mich dir ein Geheimnis verraten: Er wirkt durch uns inmitten unserer Schwäche. Je schwächer wir sind, desto mehr kann Er durch uns wirken. Das größte Hindernis ist unsere eigene Stärke, unsere eigene Kompetenz und unsere Errungenschaften. „Voller Glauben" zu sein und „alles im Griff" zu haben, sind unsere größten Hindernisse.

Denn wenn wir stark sind, werden wir die Frucht unserer eigenen Anstrengungen erhalten. Aber wenn wir schwach sind, sehen wir das Resultat Seiner Kraft und das ist unendlich besser.

KAPITEL 8

Die herrliche Freiheit der Söhne

~

Ich wünsche mir von ganzem Herzen, dass du in der Lage bist, dein Herz zu öffnen, um die Liebe des Vaters zu empfangen. Denn es ist Sein tiefstes Verlangen, Seine Kinder ganz nah bei sich zu haben, verborgen in Christus im Herzen des Vaters. Aber das ist nicht die ganze Geschichte. Es gibt so viel mehr – ein herrliches Erbe, zu dem wir berufen sind. Das Erbe, das den Söhnen und Töchtern zusteht. Er selbst ist unser Erbe, aber was noch herrlicher ist, wir sind *Sein* Erbe. Wir kommen nun zum Höhepunkt unserer Geschichte, zu dem, was noch vor uns liegt! Schnall dich also gut an und mach dich bereit für die Fahrt deines Lebens.

Meine Art zu predigen kann ganz schön beängstigend sein. Watchman Nee stellte einmal fest, dass es zwei Arten gibt, wie man mit Salbung predigt. Die eine besteht darin, bereits eine Botschaft zu haben, in der man genau weiß, was man sagen wird und die Salbung in der Botschaft freigesetzt wird. Die andere Möglichkeit besteht jedoch darin, einfach der Salbung zu folgen, ohne eine

Ahnung zu haben, in welche Richtung sich die Botschaft entwickelt. Dies ist natürlich die viel furchterregendere Variante, doch es macht auch viel mehr Spaß, da man sich nie sicher sein kann, was der Herr als Nächstes sagen wird. Manchmal überrascht es mich selbst, was dann aus meinem Mund kommt. Sehr oft kommt es dann vor, dass ich etwas sage und selbst absolut keine Ahnung habe, über was ich eigentlich gerade rede! Dies passierte mir einmal Deutschland. Da ich natürlich mit einem Übersetzer zusammenarbeitete, hatte ich etwas Zeit zwischen den Sätzen zu beten. Ich sagte etwas und hatte keine Ahnung, warum ich es sagte. Aber ich spürte, dass es vom Herrn war. Ich sprach darüber, wie Gott es liebt, zu uns zu kommen, um uns ein Vater in unserem Alltag zu sein. Er liebt es, uns Seine Liebe zu zeigen, indem Er uns mit den alltäglichen Dingen des Lebens, wie zum Beispiel einem Parkplatz versorgt. Doch während ich darüber sprach, hörte ich mich auf einmal sagen: *„Aber das ist nicht wirklich auf was Er es abgesehen hat!"*

AUF WAS HAT ER ES ABGESEHEN?

Als ich jedoch diese Worte aussprach, dachte ich mir sofort: „Nun … auf *was* hat Er es denn abgesehen?" Was gibt es denn da sonst noch? Ich konnte spüren, dass der Heilige Geist etwas sagen wollte, hatte aber nicht die leiseste Ahnung was! Innerlich begann ich zu beten: „Herr, auf *was* hast du es denn abgesehen?" Er sagte nichts, also sprach ich einfach weiter: „Er liebt es in unsere Gottesdienste zu kommen und unsere Anbetungszeit zu salben … aber das ist nicht wirklich auf was Er es abgesehen hat." In meinem Herzen begann ich auszurufen: „Auf *was* hat Er es denn wirklich abgesehen?"

Mein Verstand überschlug sich, als ich anfing darüber nachzudenken: „Was um alles in der Welt werde ich sagen?" Ich fühlte mich, als ob ich mich immer mehr in eine Sackgasse hineinredete, aus der ich so schnell nicht mehr herauskommen würde! Ich hatte keine Ahnung, wie ich fortfahren sollte, aber es schien mir, als hätte ich keine andere Wahl, als einfach weiter zu sprechen. Also erzählte ich von einem Erlebnis, das Denise und ich vor einigen Jahren gemacht hatten.

Wir waren vor ein paar Jahren in Holland, als wir im Auto zum Bahnhof hetzen mussten. Die Züge in Holland fahren für gewöhnlich auf die Minute genau und lassen nicht einmal für ein paar Sekunden Raum für Verzögerung. Wenn man nicht pünktlich da ist, verpasst man seinen Zug. Wir waren also unterwegs zum Bahnhof, um unseren Zug noch zu erwischen. Wir hatten lediglich vier Minuten Zeit, um zu parken, unsere Koffer zu schnappen, die Fahrkarte zu kaufen, zum Bahnsteig zu rennen und in den Zug zu steigen. In anderen Worten, wir waren ziemlich knapp dran. Als wir ankamen war der Parkplatz von vorne bis hinten voll. Zusätzlich lehnten hunderte von Fahrrädern entlang der Wand des Parkplatzes. Wir fuhren im Schritttempo den Parkplatz auf und ab, aber er war total überfüllt. Also fing Denise an zu beten. „Vater, könntest Du uns einen Parkplatz besorgen?" Sie hatte sofort bei unserer Ankunft angefangen zu beten, weil sie dem Herrn etwas Zeit geben wollte, damit Er jemanden zu seinem Auto zurückschicken konnte. Denn scheinbar benötigt selbst Gott ein wenig Zeit solche Dinge zu organisieren.

Während wir im Kreis fuhren, um einen Parkplatz zu finden, fügte sie auf einmal hinzu: „Herr, du kannst es sogar bewirken, dass sich jemand ein *klein wenig* unwohl fühlt und sich entscheidet heute nicht zur Arbeit zu gehen!" Nun, ich bin mir etwas unsicher was die Theologie dahinter angeht. Auf jeden Fall betete sie auf diese Art und Weise. In der Ferne sahen wir plötzlich einen Mann, der sein Auto gerade erst abgestellt hatte und in unsere Richtung lief. Auf einmal hielt er an, drehte sich um und lief zu seinem Auto zurück. Denise rief Vince, unserem Fahrer, zu: „Folge diesem Mann!" Als wir näherkamen, stieg er gerade in sein Auto ein und fuhr davon. Ein leerer Parkplatz! Wir fuhren geradewegs hinein und Denise sagte: „Du kannst es machen, dass Er sich jetzt wieder besser fühlt, Herr!" Es war der nächstgelegene Parkplatz zum Bahnhofseingang. Wir sprangen aus dem Auto, lösten unsere Fahrscheine, schleppten unsere Koffer die Treppen rauf und runter, kamen an dem Bahnsteig an, wo unser Zug auf uns wartete, rannten geradewegs durch die Zugtür, die sich sofort hinter uns schloss. Wir hatten es gerade noch geschafft!

So ist Er! Er liebt es, sich als ein Vater auf diese Art um Seine Kinder zu kümmern. Als ich jedoch an jenem Tag predigte, wiederholte ich immer wieder die Worte: *„Aber das ist nicht wirklich das, worauf Er es abgesehen hat!"* Er liebt es unsere Evangelisationseinsätze, unsere Veranstaltungen und unsere Missionsbemühungen in anderen Nationen zu segnen, *aber das ist nicht worauf Er es abgesehen hat!* Ich wiederholte diesen Satz immer und immer wieder und konnte spüren, wie die Spannung im Raum stieg. Jeder dachte bestimmt: „Auf *was* hat Er es denn abgesehen?" Ich hatte keine Ahnung! Schließlich, als ich die Worte noch einmal wiederholte, zeigt Er es mir.

Wir müssen verstehen, dass Er gerne für uns ein Vater in den alltäglichen Dingen unseres Lebens sein möchte. Was er aber *wirklich* will, ist, dass wir Ihm Söhne und Töchter in all den alltäglichen Dingen *Seines* Lebens sind. Er sehnt sich nicht nur danach, dass wir Ihn als Vater in *unserer* Welt kennenlernen, sondern, dass wir in *Seiner* Welt, mit *Seiner* Perspektive leben würden.

Wenn es eine Sache gibt, die ich bei Vätern und Müttern beobachtet habe, dann ist es die, dass sie wollen, dass ihre Kinder eine Lebensqualität erfahren, die der ihren ähnelt oder am besten noch übersteigt. Was auch immer ihr Bildungsniveau ist, sie wollen, dass ihre Kinder genauso viel, wie sie selbst, wenn nicht noch mehr, erreichen. Eltern wollen immer etwas Besseres für ihre Kinder. Gott empfindet genauso gegenüber Seinen Kindern. Denn Er ist unser Vater und es ist Sein Wunsch, dass wir als Söhne und Töchter leben, die *Seinem eigenen Wesen und Leben entsprechen.*

Als wir zum ersten Mal etwas über die Liebe des Vaters hörten, dachten wir zuerst, es gehe nur um emotionale Heilung. Dann erkannten wir, dass es um viel mehr geht. Es stimmt, Er gießt Seine Liebe in unsere Herzen und heilt uns von den Traumata unseres Lebens, aber das ist erst der Anfang. Viele von uns beginnen, die Liebe des Vaters zu erleben und denken dann: „Oh, nun bin ich geheilt und kann da weiter machen, wo ich aufgehört habe. Nun kann ich mein Leben, so wie ich es bisher lebte, als geheilte Person weiterleben." Doch die Absichten Gottes sind so viel größer. Er möchte, dass wir es lernen beständig mit Ihm in unserer Schwachheit zu leben. Er wünscht sich für uns, dass wir uns daran gewöhnen, in derselben Verletzlichkeit und Abhängigkeit zu leben, in der auch Jesus wandelte. Denn eines der größten Geheimnisse des christlichen Lebens ist es zu lernen, unsere Schwachheiten anzunehmen, anstatt sie zu bekämpfen.

Oft demütigen wir uns und bekennen unsere Schwächen *in einem geschützten Rahmen,* um Heilung zu erfahren, aber der Vater wünscht es sich, dass wir es lernen beständig in dieser Haltung zu leben. Verletzlichkeit fühlt sich riskant an, doch Gott möchte nicht, dass wir nur ab und zu demütig sind, sondern es zu einem *Lebensstil* machen. Gott kann uns erst gebrauchen, wenn wir es lernen, in diesem verletzlichen Zustand zu leben und in dem Bewusstsein, dass wir ohne Seine Liebe nicht leben können. Dann können wir uns immer mehr mit den Worten *„der Sohn kann nichts von sich aus tun"* identifizieren. Es gibt Bereiche in Gott, in die man nicht ohne Demut gelangen kann. Wenn wir es also lernen dort beständig zu leben, dann ist Er in der Lage mit uns als Seinen Söhnen und Töchtern zu arbeiten. Denn dies habe ich angefangen zu erkennen: Der Vater möchte, dass wir Söhne und Töchter sind, *die Seinem Wesen und Leben entsprechen.*

Als ich zum ersten Mal über diese Sache damals in Deutschland sprach, war das der Anfang einer Offenbarung, die nicht nur mein Leben, sondern meine gesamte Identität verändert hat. Damals dachte ich: „Nun, wir haben einen relativ erfolgreichen Reisedienst aufgebaut, den ich mehr als irgendetwas anderes, das ich je in meinem Leben getan habe, genieße und wir haben ein ausreichendes Einkommen, um davon leben zu können." Also dachte ich: „Das war's dann! Ich bin jetzt ein Gastredner, der um die Welt reist und über den Vater spricht; dann gehe ich wieder nach Hause, erhole mich ein wenig, und verreise wieder. Es funktioniert alles sehr gut!"

In dem Moment, als ich erkannte, dass Gott uns als Söhne und Töchter nach Seinem Wesen beruft – mit *Seiner* Perspektive des Universums – merkte ich, dass mein Leben eine neue Ausrichtung benötigte – als ein Sohn Gottes und nicht als ein reisender Gastsprecher. Was sollte ich also mit meinem Leben tun, so dass ich als Sohn dem angemessen lebe, wer mein Vater ist? Denn es ist nun einmal so, dass mein Vater der allmächtige Gott ist! Das war der Moment, in dem unser Traum ins Leben gerufen wurde – die Liebe des Vaters sollte jede christliche Strömung, jede Kultur, jede Nation und jede Person in der Welt erreichen. Wir begannen also Schulen zu entwickeln, in denen Menschen eine tiefgehende Begegnung mit der Liebe des Vaters erfahren konnten. Denn wenn diese Liebe erst einmal in dein Herz kommt, dann verändert sich deine gesamte Welt.

WIE IST GOTT?

Wenn wir damit beginnen darüber nachzusinnen, was es bedeutet ein Sohn oder eine Tochter zu sein, die dem Wesen des Vaters entspricht, führt dies zu einer anderen Frage, nämlich: Wie ist mein Vater überhaupt? Was zeichnet meinen Vater wirklich aus? Diese Attribute sollten wir uns anschauen, um in die Sohnschaft zu kommen, die *Ihm* angemessen ist. Welche Worte oder Charakteristiken beschreiben Sein Wesen? Ich liste hier zunächst einmal die bekannteren auf: Gott ist Wahrheit, barmherzig, beziehungsorientiert – Errettung, Glaube, Hoffnung, Freude, Gnade, Herrlichkeit, Heiligkeit – sie alle beschreiben Aspekte Seiner Natur. Dann gibt es noch die ganzen „All-Wörter" wie: Allwissend, allmächtig und allgegenwärtig.

Als ich so über diese Eigenschaften Gottes nachdachte, kam mir noch ein weiteres Wort in den Sinn, das ich zuvor niemals in Erwägung gezogen hatte und das ich noch nie bei einem christlichen Sprecher gehört hatte. Es handelte sich dabei um das Wort „frei". Ja, Gott ist FREI.

Freiheit ist wohl eines der wertvollsten Güter, nach dem sich das menschliche Herz sehnt. Deshalb schauen wir uns Filme über Freiheit an, lesen Bücher über Unabhängigkeit und hören Musik, die Freiheit ausdrückt. Warum sonst wohl fesselt uns die Person William Wallace in dem Film *Braveheart*? Der Grund dafür ist, dass es sich um einen Mann handelt, der bereit ist, sein Leben für seine eigene Freiheit, die seines Volkes und seiner Nation zu opfern. Freiheit ist wahrscheinlich eines der wichtigsten Themen, mit dem sich die Menschheit auseinander setzen muss. Denn wir alle wollen, mehr als alles andere, frei sein. Das Gegenteil der Freiheit ist die Sklaverei. Ich kann mir nichts Schlimmeres als Sklaverei vorstellen. Ich persönlich würde lieber sterben als ein Sklave sein zu müssen! Sklaverei ist eines der schrecklichsten Dinge, welche die Menschheit jemals erfunden hat. Als Sklave bist du nicht in der Lage, irgendeine persönliche Entscheidung zu treffen und du hast keine Kontrolle darüber, was du von einem Moment zum nächsten tun wirst. Du hast auch keine Kontrolle darüber, was du isst oder welche Kleidung du tragen wirst. Falls du verheiratet bist, könnte es passieren, dass du lebenslang von deinem Partner getrennt wirst, wenn einer von euch woanders hin verkauft wird. Die Sklaverei von Kindern ist noch schlimmer. Sklaverei widerstrebt allem, was frei in uns ist. In uns gibt es etwas, das immer der Hoffnung zugeneigt ist und das auf etwas Besseres hofft.

Freiheit ist ein wesentlicher Bestandteil von Gottes Herz und Natur. Er ist *vollkommene Freiheit*. Freiheit wiederum wird immer an ihren Begrenzungen gemessen. Hat Gott irgendwelche Begrenzungen? Er kann alles tun, oder? Er kann alles erschaffen, was Er will und es gibt keine Begrenzungen Seiner Freiheit. Nun, es gibt eine Sache, die Er nicht tun kann. Er kann nicht sündigen. Das ist an sich keine Begrenzung, auch wenn ich früher so dachte, bis ich die Natur der Sünde verstand. Leute haben mir immer gesagt: „Es ist eine schreckliche Sache zu sündigen. Tue es ja nie! Gott hasst es, wenn wir sündigen. Es ist falsch, es ist schlecht, es ist böse!" Diese Erklärungen stellten mich allerdings kein bisschen zufrieden, denn es gab sündige Verhaltensweisen, die niemand anderem weh zu tun schienen. Was war so schrecklich verkehrt an diesen Dingen? Es gibt natürlich vieles, das offensichtlich falsch ist, aber dann gibt es da ein paar Sünden, bei denen ich ehrlich nicht sagen konnte, warum sie so schädlich sein sollten. Manche Dinge lassen wir in unserem Leben zu, weil wir nicht wirklich verstehen können, was so schlecht an ihnen sein soll oder weil wir nichts Böses darin sehen können.

Das wahre Problem der Sünde ist, *dass sie uns an sich bindet.* Die Sünde ergreift uns und *beherrscht* uns. Sie *kontrolliert* uns, *versklavt* uns und nimmt uns unsere Freiheit. *Das ist der Grund,* warum Sünde so schädlich ist. So wie Gott zu Kain sagte: *„die Sünde [lauert] vor der Tür, und nach dir hat sie Verlangen; [...]"* (1. Mose 4,7; Luther) Es ist immer das Verlangen der Sünde über uns zu herrschen und wenn wir uns mit ihr einlassen, dann verstricken wir uns in ihren Fängen und sie bringt uns zu Fall. Der Grund, warum Gott möchte, dass wir nicht sündigen, ist nicht, weil die Sünde (sozusagen) „schlecht" ist, sondern weil Er weiß, dass sie unsere Seele zerstören wird. Denn sie zieht uns tiefer und tiefer in ihre Fänge, aus denen der einzige Ausweg das Blut Jesu ist.

Gott kann nicht sündigen, weil er Seine Freiheit niemals aufgeben würde und sich von nichts beherrschen lassen würde. Bis zu diesem Zeitpunkt hatte ich nie realisiert, dass Freiheit eine solch große Angelegenheit für Gott ist. Aber jetzt sah ich dies jedes Mal, sobald ich die Bibel aufschlug. Denn Schriftstellen wie Römer 8,15, 2. Korinther 6,18 und Galater 4,6 sprechen darüber, wie wir als Söhne und Töchter Gottes in die *Freiheit* hineinkommen, in der Er selbst lebt.

DIE FREIHEIT DIESER WELT

Wenn wir Freiheit aus dem menschlichen Blickwinkel heraus betrachten, dann scheint es, als ob die reichsten Menschen auch diejenigen mit der größten Freiheit sind. Denn wenn man viel Geld zur Verfügung hat, dann kann man alles tun, was man will. Je mehr Geld man hat, umso mehr Freiheit genießt man. Vor ein paar Jahren flog John Travolta einmal in seinem eigenen Boeing Jet in Neuseeland ein und saß dabei selbst am Steuer. Er war gerade dabei auf dem Auckland Flughafen zu landen, als er sich auf einmal dagegen entschied, um stattdessen über die gesamte Länge der Nord- und Südinsel von Neuseeland entlangzufliegen und zuerst einmal das Land zu bewundern. Es muss ihn zehntausende von Dollar gekostet haben, einfach nur um aus dem Fenster zu schauen und die Dinge zu sehen, die er sehen wollte. Wenn man genügend Geld hat, kann man sich fast jeden Wunsch erfüllen.

Stelle dir für einen Moment vor, dass du eines Morgens vom Klingeln deines Telefons aufgeweckt wirst und als du es abhebst, erfährst, dass du eine riesige Summer Geld geerbt hast – so viel Geld, das es dir für den Rest deines Lebens ausreichen würde, egal wie viel du jeden Tag ausgeben würdest. Stell dir vor, es gäbe keine Begrenzungen. Was würdest du tun, wenn du auf einmal so viel Geld hättest?

Würdest du die Welt bereisen? Würdest du die schönsten Nationalparks der Welt erkunden? Würdest du dir eine Insel kaufen oder die luxuriöseste Villa, die man sich nur vorstellen kann? Würdest du einkaufen gehen? Natürlich würdest du einkaufen gehen! Wir würden *alle* zuerst einmal einkaufen gehen! Stelle dir vor du wolltest nach Hawaii, aber es gäbe keine freien Flüge mehr. Dann könntest du einfach die ganze Fluggesellschaft aufkaufen! Du könntest jederzeit an jeden Ort gehen. Vielleicht möchtest du für eine Weile in den feinsten Hotels von Monaco übernachten. Es wäre dir sogar möglich ein ganzes Hotel zu kaufen. Die Optionen und Möglichkeiten wären unbegrenzt. Denn wenn du reich bist, dann hast du alle Freiheit dieser Welt!

Einer meiner Träume war es einmal nach Alaska zu gehen. Eines Tages hatte ich so viele Flugmeilen angesammelt, dass ich diesen Traum endlich verwirklichen konnte. Also fuhr ich per Anhalter von Fairbanks aus nach Anchorage, wofür ich ungefähr neun Tage brauchte. Ein Mann nahm mich in seinem Zweisitzer Piper Cub mit und flog mit mir im Tiefflug über die Waldlichtungen, um nach Elchen und Grizzlybären Ausschau zu halten. Dann ging ich mit ein paar weiteren Männern Lachsfischen. Ich stand am Fluss und fing einen Fisch nach dem anderen. Da waren sogar Grizzlybären-Spuren hinter mir im Sand, was ein wenig besorgniserregend war!

Wenn du dir einen Traum erfüllst, dann hast du einen Traum weniger. Doch irgendwann werden keine Träume mehr übrig sein. Wenn du alles Geld in der Welt hast, um alles zu tun, was du tun möchtest, dann könntest du alle deine Träume ganz einfach innerhalb von fünf Jahren erfüllen. Aber du würdest dich langsam daran gewöhnen, deine Perspektive würde sich langsam verändern und das Leben würde seine Spannung und seinen Spaß verlieren.

Vor vielen Jahren las ich einmal den Artikel eines Psychiaters der Superreichen im *Time* Magazin. Darin machte er die Aussage: „*Die Verzweiflung der Superreichen ist unermesslich.*" Ist das nicht interessant? Die Superreichen haben vielleicht alle Freiheit dieser Welt, aber ihre Verzweiflung ist unermesslich. Denn wenn sich alle deine Träume erfüllt haben, dann gibt es nichts mehr, für das es sich lohnt zu leben. Ich habe zum Beispiel Träume von denen ich weiß, dass sie sich nie erfüllen werden, aber ich genieße es zu träumen, weil das Träumen uns lebendig hält. Wenn du keine Träume mehr übrig hast und es nichts mehr gibt, das du im Leben tun möchtest, dann beginnt deine Seele langsam zu sterben. Träume sind unglaublich wichtig für uns. *Das zeigt uns, dass das menschliche Herz die Kapazität hat, von einer Freiheit zu träumen, die weit über das hinausgeht, was diese Welt zu bieten hat.* Diese Welt kann dir deine Träume nicht erfüllen und dir nicht die Freiheit geben, für die dein Herz geschaffen ist. Denn wir sind nicht für die begrenzte Freiheit dieser Welt geschaffen, sondern für die Freiheit in der Gott lebt.

WAS LIEGT VOR UNS?

Das achte Kapitel des Römerbriefes erklärt Dinge über den christlichen Glauben, die ich vorher noch nie wahrgenommen hatte. Dieses Kapitel spricht über Sohnschaft und zeigt uns auf, wo Gott uns hinnimmt. Sehr oft können wir nur die Vorteile einer bestimmten Wahrheit sehen, sehen aber das Fundament dieser Wahrheit nicht. Vielleicht denken wir zum Beispiel, dass wir mit dem Heiligen Geist erfüllt sind, um Dämonen austreiben zu können. Doch wer wir in Gott sind, ist so viel mehr, als die Fähigkeit große Dinge für Ihn zu tun.

Von Kapitel 1 bis 8 präsentiert uns Paulus eine Übersicht von Gottes Absichten durch die Geschichte hindurch und zeigt uns auf, wie Gott in dieser Welt wirkt. Am Ende macht er diese wundervolle Aussage: *„Ist* Gott für uns, wer ist dann gegen uns?" Und schreibt weiter: *„Wer kann uns scheiden von der Liebe Christi … weder Gewalten der Höhe oder Tiefe noch irgendeine andere Kreatur können uns scheiden von der Liebe Gottes, die in Christus Jesus ist, unserem Herrn."* Dies sind kraftvolle Aussagen.

Ich möchte unsere Aufmerksamkeit nun jedoch wieder zurück auf Vers 22 lenken, dem Höhepunkt des Ganzen in der Mitte des achten Kapitels des Römerbriefes. Hier finden wir eine weitere

Aussage von Paulus, die lautet: *„Denn wir wissen, dass die gesamte Schöpfung bis zum heutigen Tag seufzt und in Geburtswehen liegt."* Als Mann verstehe ich natürlich nicht sehr viel von Geburtswehen. Allerdings war ich dabei, als Denise unseren jüngsten Sohn Matthew zur Welt brachte. Sie ging durch den ganzen Prozess ohne auch nur einen einzigen Mucks zu machen und sie benötigte auch keinerlei Schmerzmittel. Ich war so stolz auf sie, aber es tat weh ihr zuzuschauen und die Qualen zu sehen, die sie durchlitt. Obwohl sie keinen einzigen Laut von sich gab, brach sie beinahe jeden einzelnen Knochen meiner Hand – man könnte also sagen, ich verstehe doch ein klein wenig von den Schmerzen der Geburt! Mir wurde gesagt, dass die Geburt eines Kindes eine Erfahrung ist, die einem alles abverlangt. Während der Geburt ist es nicht möglich an irgendetwas anderes zu denken. Paulus benutzt genau diese Metapher, um die Intensität von Gottes Verlangen, etwas hervorzubringen, zu veranschaulichen. Denn die ganze Schöpfung liegt in Geburtswehen, um etwas hervorzubringen! Es gibt ein unglaubliches Verlangen in Gott, dass Seine Schöpfung von den Konsequenzen der Sünde in die Freiheit entlassen wird.

Gott verfolgt immer eine bestimmte Absicht mit den Dingen, die Er in unserem Leben tut. Manchmal betrachten wir unseren Glauben als etwas, das wir einfach unserem Leben hinzufügen und wir sind dann mit allen möglichen anderen Dingen beschäftigt. Wir sagen dann: „Ich bin ein Architekt, ein Bankkaufmann, ein Polizist, ein Buchhalter, ein Betriebsleiter, ein Angestellter, eine Mutter, ein Vater, ein Mentor, ein Sportler … oh und ich bin auch noch Christ." Christ zu sein bedeutet jedoch, dass es Gott darum geht, ein Werk in uns zu vollenden. Er möchte uns zu dem machen, als was Er uns ursprünglich entworfen hat. Das ist nicht Sein Hobby, Er verfolgt eine Absicht damit. Dies bedeutet Ihm alles. Deshalb verfolgt Er bei allem was Er tut ein Ziel.

Wenn wir zu Vers 19 zurückkehren, finden wir dort eine wunderbare Aussage: *„Denn die ganze Schöpfung wartet sehnsüchtig auf das Offenbarwerden der Söhne Gottes."* Durch die ganze Menschheitsgeschichte hindurch ist es Gottes Absicht zu sehen, wie Seine Söhne und Töchter hervorkommen! Ich glaube, dass wenn Menschen immer tiefer in diese Offenbarung von Gott als ihrem Vater eintauchen, Seine Liebe persönlich für sich erfahren und mit Ihm in derselben Art von Beziehung leben wie Jesus – dass wir dann sehen werden, wie die Söhne und Töchter Gottes sich *mit einer Autorität erheben werden, die alles übersteigen wird, was wir bis jetzt erlebt haben.*

Dies wird eine ganz andere Art von Autorität sein. Denn bis jetzt haben wir die Autorität des Wortes und des Geistes erlebt. Wir haben die Autorität der unterschiedlichen Dienstgaben erlebt. Aber es gibt noch eine größere Autorität – die Autorität des Vaters! Wenn die Autorität des Vaters kommt, wird sie mit Liebe, Wahrheit, Kraft, Güte, Sanftheit, Weisheit und all Seinen anderen elterlichen Attributen erfüllt sein. Es wird eine Autorität sein, der die Welt unmöglich widerstehen kann. Wenn diese Autorität freigesetzt wird, werden wir die *Söhne* und *Töchter* Gottes aus jeder Nation hervorkommen sehen.

DIE AUTORITÄT DER SÖHNE UND TÖCHTER

Das ist das Ziel, auf das sich der christliche Glaube zubewegt. Der Höhepunkt der ganzen Schöpfung ist, wenn die Söhne Gottes im Ebenbild Christi offenbart werden. Dann werden wir sehen, wie sich Männer und Frauen aus jeder Nation erheben werden, die die Fähigkeit haben, direkt vom Herzen des Vaters zu sprechen – Diese Autorität geht über den Glauben an das geschriebene Wort und über die Autorität der Erfüllung mit Heiligen Geist hinaus. Deshalb steht geschrieben: „... *die ganze Schöpfung wartet sehnsüchtig auf das Offenbarwerden der Söhne Gottes.*" Das ist es, um was es letztendlich geht!

Er ruft uns Söhne und Töchter zu sein, die Seinem Wesen und Seiner Natur entsprechen! Sie sind der Ausdruck seines Wesens und auf ihnen liegt die *Autorität* des Vaters. Die zwei Zeugen im Buch der Offenbarung, Kapitel 11 sind ein gutes Beispiel für die eigentliche Absicht des Vaters. Sie plagten die Leiter der Nationen mit ihrer Botschaft und konnten durch keine Waffe dieser Welt getötet werden, solange Gott es nicht erlaubte. Letztendlich sind die Leiter dieser Welt so erleichtert über ihren Tod, dass sie eine große Feier veranstalten. Aber Gott erweckt sie vor den Augen der gesamten Welt wieder zum Leben und ruft sie in den Himmel. Ich möchte dich einfach ermutigen, die Geschichte zu lesen um einen Eindruck davon zu gewinnen, wie Sohnschaft in wahrer Autorität wirklich aussehen kann.

Schauen wir uns doch einmal an, was Paulus meint, wenn er schreibt: „... *die ganze Schöpfung wartet sehnsüchtig auf das Offenbarwerden der Söhne Gottes.*" Wir finden die Erklärung dafür in Vers 21, wo es heißt: „*Auch die Schöpfung soll von der Sklaverei und Verlorenheit befreit werden zur Freiheit und Herrlichkeit der Kinder Gottes.*" Die Freiheit und Herrlichkeit der Kinder Gottes! Wenn wir uns anschauen, was es bedeutet Söhne und Töchter des Vaters zu sein, dann sehen wir, dass wir dazu berufen sind genauso frei zu sein, wie auch Er frei ist.

Das möchte jeder gute Vater für seine Kinder – dass sie über dasselbe Maß an Lebensqualität verfügen wie *er* selbst. Wir haben einen Vater, der mit keinem menschlichen Vater verglichen werden kann. Er ist der Vater, dem jede Familie im Himmel und auf Erden ihr Dasein verdankt. In anderen Worten, wir alle erhalten unsere Identität als Familie und als menschliche Wesen aus der Tatsache, dass Er unser Vater ist. Wir sind Teil der Familienbeziehung, die innerhalb der Dreieinigkeit existiert! Er ist *der* Vater, der *wahre* Vater und wir sind Seine wahren Söhne und Töchter. Er hat Seinen Geist in uns hinein gelegt und ruft uns in Seine Liebe hinein, damit wir Seine väterliche Fürsorge erleben können und zu Söhnen und Töchtern heranwachsen, die *Seinem* Wesen entsprechen.

Vor ein paar Jahren gab es eine Bewegung, die sich „The Manifest Sons of God" nannten, denen es jedoch an einer Offenbarung des Vaters mangelte. Du kannst kein Sohn sein, ohne eine Beziehung mit dem Vater zu haben. Denn Sohnschaft dreht sich *letztendlich* nicht um die Sohnschaft selber. Sohnschaft bedeutet eine Beziehung mit einem Vater oder einer Mutter zu haben. Er bringt uns, während wir in dieser Sohnschaft heranwachsen, in die *Herrlichkeit* und *Freiheit* der Kinder Gottes hinein.

WIE FREI IST GOTT?

Die Freiheit zu der wir berufen sind, geht weit über unsere Vorstellungen hinaus. Wenn wir dem Herrn unser Leben übergeben, dann vergibt er unsere Sünden und wir sind frei. In Johannes 8,36 heißt es: *„Wenn euch also der Sohn befreit, dann seit ihr wirklich frei."* Sehr oft verbinden wir diese Aussage dann nur mit unserer Freiheit von der Sünde oder der Erfahrung der Wiedergeburt, aber diese Freiheit geht weit darüber hinaus. Dies ist nur der Anfang!Es gibt einen Vers im Galaterbrief, den ich nie wirklich verstanden habe, bis ich anfing mich mit dem Thema Freiheit zu beschäftigen. Im Galaterbrief 5,1 steht: *„Zur Freiheit hat Christus uns befreit."* Ich habe mich ständig über die Bedeutung dieses Verses gewundert, da ich keine Ahnung hatte, was Paulus damit ausdrücken wollte. Warum wiederholte er das Wort „Freiheit" zweimal? Warum schrieb er nicht einfach: „Gott hat uns zur Freiheit berufen?" Er beabsichtigte etwas ganz bestimmtes mit den Worten „denn *zur Freiheit* hat Christus uns befreit". Ich dachte immer, der Hauptgrund dafür, dass wir befreit wurden, hat damit zu tun, dass wir von der Sklaverei der Sünde befreit würden. Dem ist aber nicht so, denn *zur Freiheit* hat Christus uns befreit. Warum ist das so? *Weil Freiheit unsere Bestimmung ist.* Er möchte, dass wir in Seiner Freiheit leben und diese Freiheit ist unbeschreiblich.

Wir alle träumen von Freiheit und ich glaube, dass diese Träume ihren Ursprung im Garten Eden haben und direkt aus dem Herzen Gottes kommen. Denn in uns allen hallt ein Echo aus jener Zeit. Unsere Erwartungen, dass wir in unserem Leben gerecht und fair behandeln werden wollen, lassen sich bis in den Garten Eden zurückverfolgen. Trotz all der Ungerechtigkeit, die in dieser Welt zuzunehmen scheint, *wird* es einmal einen Tag der vollkommenen Gerechtigkeit geben.

Wir sind dazu berufen, so frei wie Jesus selbst, so frei wie der Vater zu sein. Aber wie frei ist Gott? Nun, hier fängt die ganze Sache erst an, richtig Spaß zu machen.

Eines der Dinge, die ich an Jesus bewundere ist, dass Er Seine Steuern zwar zahlte, aber *frei von den Methoden des Kapitalismus war, um an das Geld für Seine Steuern zukommen.* Wir lesen zum Beispiel in Matthäus 17 wie Petrus mit einer Frage zu Jesus kam. Ich werde seine Frage hier mal ganz frei übersetzen: „Herr, das Finanzamt steht vor der Tür. Zahlen wir *auch* Steuern?" Jesus antwortet ihm: „Ja, das tun wir, allerdings sind wir nicht durch die Beschränkungen dieser Welt limitiert." Dann gab Er Petrus den Ratschlag, fischen zu gehen und wies ihn an: „Wenn du einen Fisch fängst, wird er eine Münze in seinem Maul haben und der Betrag wird für dich und mich ausreichen." Es fasziniert mich, dass Jesus nicht die anderen Jünger in dieses Wunder miteinbezog. Es war lediglich Petrus, der Jesus diese Frage stellte und deshalb erlebte nur er die Freiheit, in der Jesus handelte. Jesus war frei von den Steuersystemen dieser Welt.

Die Gaben des Geistes, in denen Jesus diente, zeigten, dass er frei von den Begrenzungen der menschlichen Vorstellungskraft ist. Es ging nicht so sehr darum, dass Jesus einen Dienst der Heilung hatte, sondern eher darum, dass Er *frei von Krankheit war!* Er war frei von jeglichen Einflüssen des Feindes und Er heilte nicht nur Menschen, sondern gab Seine Freiheit von Krankheit an sie weiter. Er konnte sie aus ihrem Gefängnis des Schmerzes und der Krankheit freisetzen, weil Er selbst in dieser Freiheit wandelte.

Jesus war auch frei von den Begrenzungen jeglicher irdischen Erkenntnis aufgrund von Bildung und Lernen und den Informationen, die uns durch die fünf Sinne vermittelt werden. Er war frei von dem allgemein anerkannten „Wissen" und bewegte sich in einer Erkenntnis, die unser irdisches Verständnis weit übersteigt. Deshalb sagt die Schrift *„Christus Jesus, den Gott für uns zur Weisheit gemacht hat"* (1. Korinther 1,30). Wir können in die Weisheit des Vaters eintreten und die Erkenntnis anwenden, über welche Er verfügt. Jesus ging auch nicht auf dem Wasser, weil Er einfach darauf gehen wollte, sondern weil Er frei von der Schwerkraft war. Petrus war offensichtlich nicht so frei. Er schaute auf das Wasser und dachte: „Ahh! Ich versinke!" Also sank er, bis er sich an Jesus wandte, damit Er ihn von seinem Unglauben befreien würde. Jesus selbst war allerdings frei von diesem Denken. Wir sehen dies zum Beispiel, als Er durch die Wolken aufstieg und zu Seinem Vater zurückkehrte. Würdest du auch gerne fliegen?

Warum wohl träumen wir vom Fliegen, wenn es nicht möglich wäre, dass wir es jemals tun könnten?

Wir wurden in einem Gefängnis geboren

Stellen wir uns einen Jungen vor, der in einem Gefängnis ohne Fenster geboren wurde. Er wächst im Gefängnis zusammen mit anderen Gefangenen auf und lernt nie etwas anderes, als das Leben im Gefängnis kennen. Seine gesamte Lebensperspektive ist auf das Gefängnis beschränkt. Mit der Zeit wird er mit den ganzen Abläufen des Gefängnisses vertraut und lernt sogar, einige zu seinem Vorteil zu nutzen, um gewisse Vorzüge zu genießen, welche anderen Gefangenen verschlossen bleiben. Er lernt es das System zu manipulieren, weil er verstanden hat, wie das Gefängnis funktioniert. Er weiß, was er tun und lassen kann und wie weit er damit kommt, ohne in Schwierigkeiten zu geraten. Aber alles, was er tut, findet *immer noch* innerhalb der Gefängnismauern statt. Er war noch nie am Meer, hat noch nie Berge gesehen und hat keine Ahnung von Bauernhöfen. Um es genau zu nehmen, weiß er über gar nichts Bescheid, es sei denn es hat irgendetwas mit Eisenstäben, Steinmauern und Gefängnisleben zu tun. Vielleicht denkt er sogar, er hat ein ziemlich gutes Leben, aber in Wirklichkeit weiß er nur sehr wenig über die wahren Wunder des Lebens.

Der Punkt ist, dass jeder Einzelne von uns in ein Gefängnis hineingeboren *wurde.* Sir Walter Raleigh machte einmal eine unglaubliche Aussage: „Die Welt ist nichts anderes, als ein riesiges Gefängnis." Dieses Gefängnis nennt sich „diese Welt" – unsere Realität, von der wir annehmen, dass es nicht mehr gibt, als das, was wir erfahren. Manche von uns, sind sehr gut darin geworden, das System dieser Welt zu manipulieren nach dem Motto: „Wenn du dadurch dein Leben verbessern kannst, dann freu dich!" Wir leben in der Annahme, dass das Leben nicht mehr zu bieten hat – aber das stimmt einfach nicht.

Die Wahrheit ist, wir sind alle Söhne und Töchter Gottes. Aber als Adam und Eva sündigten, legte sich ein Schleier über die Menschheit, welcher verbirgt, wer wir wirklich sind. *Wir sind die Söhne und Töchter Gottes und Er ruft uns in Seine Freiheit hinein.* Er ruft uns, damit wir herausfinden, wer unser Vater ist, und damit wir ein Leben leben, das *Seinem* Leben und Wesen entspricht. Wir beginnen uns nach unserer Sohnschaft auszustrecken und fangen an zu träumen, was wir in Ihm sein können. Wir fangen an das Übernatürliche zu erwarten, blicken darüber hinaus, was wir als „real" bezeichnen und sehen dadurch, was den menschlichen Sinnen verborgen ist. Denn die Wahrheit ist, dass Gott uns in etwas viel Größeres hinein beruft, als wir uns vorstellen können. Die Welt und sogar die Gemeinde werden versuchen, dich in die Begrenzungen ihrer Systeme einzuschließen. Aber wir sind Söhne und Töchter des allmächtigen Gottes.

Die herrliche Freiheit erleben

Ich möchte dieses Kapitel mit drei Geschichten beenden. Denn diese Geschichten zeigen uns, wie diese herrliche Freiheit funktioniert. Sie geben uns einen kleinen Einblick in ein Leben, das wir als Söhne und Töchter erwarten können, ein Leben, das dem Wesen des Vaters entspricht. Zwei dieser Geschichten beinhalten die Erfahrungen von Freunden von mir und eine davon beschreibt ein persönliches Erlebnis.

Eine Freundin von Denise saß eines Tages betend in ihrem Zuhause in Toronto, als sie auf einmal realisierte, dass sie vom Boden abhob. Als Nächstes flog sie durch das Dach ihres Hauses in den nächtlichen Himmel hinaus. Wenn wir uns daran erinnern, für Jesus waren Mauern auch kein Hindernis. Sie flog also in den nächtlichen Himmel, begann dann durch die Luft zu gehen und bewegte sich mit unglaublicher Geschwindigkeit über den Atlantik und dann über den europäischen Kontinent hinweg. Die ganze Szenerie zog blitzschnell an ihr vorbei und es war alles so real wie jeder andere Moment in ihrem Leben. Als sie in Russland in der hintersten Ecke Sibiriens ankam, begann sie abzusteigen und gelangte durch das Dach eines kleinen Hauses. Dort fand sie sich in der Küche stehend hinter einem alten Mann wieder, der weinend über den Küchentisch gebeugt war. Sie legte ihre Hände auf seine Schultern und begann zu beten. Als sie für ihn betete, kam die Freude des Herrn in sein Herz.

Als er vor Freude weinte, erhob sie sich wieder durch das Dach, flog nach Südamerika, betete dort für jemand anderen und flog wieder zurück zu ihrem eigenen Haus. Sie hatte noch nie so etwas vorher erlebt und war wirklich erstaunt. Deshalb erzählte sie die ganze Geschichte eines Tages dem Propheten Bob Jones und fragte ihn: „Was hältst du davon, Bob?" Er antwortet ihr: „Nun, du bist nur dabei, ein richtiger Christ zu werden, das ist alles!"

Ein anderer Freund aus Minneapolis betete eines Tages in seinem Schlafzimmer und spürte auf einmal eine Windböe gegen sein Gesicht wehen. Er öffnete seine Augen und fand sich selbst kniend auf einem Anlegeplatz für Schiffe wieder. Zuhause hatte er in den frühen Morgenstunden gebetet, aber auf dem Anlegeplatz war helllichter Tag. Er schaute sich überrascht um und wunderte sich, was vor sich ging, als er auf einmal weiter unten an der Anlegestelle ein Mädchen sah, das vor lauter Panik schrie. Also rannte er nach unten und sah, dass ihre Freundin ins Wasser gefallen war und in Gefahr war. Keines der beiden Mädchen konnte schwimmen, doch der Mann war zufällig ein sehr guter Schwimmer. Also sprang er von der Anlegestelle und zog das Mädchen aus dem Wasser. Er brachte sie an Land und sprach für ein paar Minuten ihrer Freundin ermutigend zu, als er sich auf einmal wieder in seinem Zimmer in Minneapolis wiederfand. Seine Kleidung war von Salzwasser durchnässt! Er hatte allerdings keine Ahnung, wo er gewesen war, bis er ein paar Jahre später bei einem christlichen Treffen war und zwei Mädchen aus der Menge auf ihn zugerannt kamen. Eines der Mädchen schrie: „Du bist der Mann! Du bist der Mann der mich gerettet hat! Der Mann auf der Anlegestelle, als ich ins Wasser fiel! Wohin bist du damals verschwunden?" Er fragte sie: „Wo war das? Wo ist das geschehen?" Sie waren sprachlos: „Du weißt doch wo das war! Du warst doch *dort!*" Er erzählte ihnen dann die gesamte Geschichte und dass er keine Ahnung hatte, wo sich das Ganze ereignet hatte. Darauf antworteten sie: „Nun, du warst in Florida!"

Die letzte Geschichte beschreibt mein persönliches Erlebnis. Vor ein paar Jahren waren wir bei einem Familientreffen bei Denises Mutter zuhause. Es wurde langsam dunkel und jeder sprach darüber, was wir wohl zu Abend essen sollten. Letztendlich entschieden wir uns dafür, dass wir Pizzen bestellen würden, die ich dann abholen sollte. Als es soweit war, lief ich zur Einfahrt hinaus und schloss das Auto auf. Als ich gerade einsteigen wollte, fiel mir auf, dass ich meinen Geldbeutel vergessen hatte. Ich erinnerte mich daran, dass er im Schlafzimmer lag. Als ich wieder in das Haus gehen wollte, sagte eine leise Stimme in mir: „Mache dir keine Sorgen darüber." Ich sagte zu mir selbst: *„Mache dir keine Sorgen darüber?* Ich hab kein Geld dabei! In meinem Geldbeutel ist wiederum genug. Es wäre kein Problem zurückzugehen und ihn einfach zu holen. Ich brauche das Geld." Aber diese kleine Stimme sagte wieder: „Mache dir keine Sorgen darüber."

Also schloss ich die Autotür hinter mir und fing an in Richtung Stadt zu fahren – diese war ungefähr sechs Kilometer entfernt. Die ganze Zeit ging mir durch den Kopf: „Was mache ich bloß? Ich kenne den Typen von der Pizzeria nicht und die werden mir keine Pizza ohne Geld aushändigen. Ich sollte zurückfahren und meinen Geldbeutel holen!" Aber aus irgendeinem Grund reagiert mein Körper nicht und ich fuhr einfach weiter! Dann kam ich an eine Abzweigung, an der ich rechts abbiegen musste. Ich hielt also an und sah die Straße hinunter, aber niemand kam mir entgegen. Ich schaute in die andere Richtung und auch dort kam nichts. Dann bemerkte ich, wie eine 10 Dollar Note direkt auf mich zugeweht kam. Ich hatte noch nie gesehen, wie Geld die Straße heruntergeweht kam, und habe es seitdem auch nicht wieder erlebt. Der Geldschein kam direkt auf mich zugeweht, als ihn auf einmal eine Windböe erfasste und über die Motorhaube meines Autos blies. Also dachte ich mir: „Den schnapp ich mir!" Ich öffnete die Autotür gerade in dem Moment, als der Schein von der Motorhaube fiel und direkt neben mir auf dem Boden landete. Das Auto war ziemlich niedrig und ich konnte den Schein einfach so aufheben, ohne auch nur einen Fuß aus dem Fahrzeug setzen zu müssen. Ich schloss die Autotür und fuhr weiter zur Pizzeria. Der Betrag für unsere Bestellung war 9,95 Dollar! Ich hatte eigentlich genug Geld in meinem Geldbeutel zuhause, aber es war als ob der Vater sagen würde: „Du glaubst, dass du der Vater deiner Familie bist, aber ich werde dir zeigen, dass *Ich* dein Vater bin." Obwohl dies eine kleine Sache war, war dies für mich ein großes Wunder. Es half mir zu erkennen, dass wir nicht von dieser Welt sind.

Wir sind die Söhne und Töchter Gottes. Wenn wir es lernen beständig in Seiner Liebe zu wandeln, werden wir frei werden. All die Dinge, die wir als wunderbare, übernatürliche Gaben Gottes schätzen, sind in Wirklichkeit nur ein Ausdruck dessen, wozu wir berufen sind. Wenn die Söhne und Töchter Gottes offenbart werden, bricht das Reich Gottes heran und diese Welt verändert sich. Alles was seinen Ursprung in Satan hatte, wird hinausgeworfen. Der Tag der Hochzeit des Lammes wird kommen, und wir werden alle dort sein. Dann wird der Vater kommen und sich neben dir niederknien um alle deine Tränen abzuwischen. Die Schrift sagt: *„Jetzt sind wir Kinder Gottes. Aber was wir sein werden, ist noch nicht offenbar geworden"* (1 Joh 3,2). Wenn wir dann alle zusammen an dieser Hochzeitsfeier versammelt sind, werden wir uns alle gegenseitig anschauen und zueinander sagen: „Wir hatten keine Ahnung!"

Wir leben in einer Zeit, in der sich die Braut für das Hochzeitsfest des Lammes vorbereitet, an dem wir unsere Ehe mit dem Bräutigam vollziehen werden. In traditionell jüdischen Ehen trifft der Bräutigam die Braut erst am Tag ihrer Hochzeit. Davor wird die Braut für ihn vorbereitet. Auch wir werden Jesus eines Tages von Angesicht zu Angesicht sehen, bis dahin werden wir für diesen Tag vorbereitet.

Abraham (der Vater) sandte seinen Diener (der Heilige Geist) mit zehn Kamelen voller Geschenke aus seinem Haushalt, damit sich Rebekka an die Liebe und die familiäre Umgebung gewöhnen konnte, die Isaak (Jesus) schon sein ganzes Leben lang gekannt hatte. Nun ist es Gott der Vater, der alles was Er ist und hat über uns ausgießt, um uns für die Ehe mit Seinem Sohn vorzubereiten.

„Jetzt sind wir die Söhne Gottes."

Ich habe das Gefühl, als ob ich zum allerersten Mal in meinem Leben verstanden habe, was das Evangelium wirklich ist. Es ist die Geschichte eines Vaters, der Seine Kinder verloren hat und sie wieder zurück haben möchte. Der Vater kam nicht direkt selber zu uns, weil der Großteil der Menschheit große Schwierigkeiten damit hat, Autoritätsfiguren zu lieben (der Sündenfall hat dazu geführt, dass die meisten Menschen in Autoritätspositionen ihre Positionen missbraucht haben). Er sandte Seinen Sohn, um Ihn vollkommen zu repräsentierten und uns zurück nach Hause zu holen.

Was für eine unglaubliche Person Gott doch ist! Und wir sind Seine Söhne und Töchter! Ich freue mich auf den Tag, an dem wir sehen werden, wie Seine Söhne und Töchter in das volle Maß ihrer Freiheit hineinkommen werden. Dann werden sie sich aus jeder Nation erheben und die Person, das Wesen und die Werke des Vaters zum Ausdruck bringen und wie Jesus durch diese zerbrochene Welt gehen.

QUELLENANGABEN

Derek Prince, *Rundbrief Februar 1998*.

C. S. Lewis, *A Grief Observed*, Faber and Faber, London, 1961.

Andrew Murray, *Abiding in Christ*, Bethany House Publishers, Minneapolis, Minnesota, 2003. Originally published in 1895 by Henry Altemus under the title *Abide in Christ*.

Augustinus von Hippo, zitiert von Fr. Raniero Cantalamessa in *Life in the Lordship of Christ*, Sheed and Ward, Kansas City, 1990.

EINE EINLADUNG...

Wenn dir dieses Buch gefallen hat, wollen wir die Gelegenheit nutzen und dich herzlich zu einer einwöchigen Fatherheart Ministries A-Schule einladen. Die zwei Ziele einer A-Schule sind es:

1. Einen geschützten Raum zu schaffen, in dem du eine tiefgehende, persönliche Begegnung mit der Liebe Gottes des Vaters erfahren kannst.

2. Ein biblisches Verständnis von der Bedeutung des Vaters im christlichen Leben zu vermitteln.

Während der Schule wirst du umfassend mit der Offenbarung der Vaterliebe Gottes vertraut gemacht werden. Menschen, die selbst durch diese Offenbarung verändert wurden, werden dir mit einer biblisch fundierten Lehre, die voller Liebe, Leben und Hoffnung ist, dienen.Weiterhin wirst du die Gelegenheit haben, die Hauptblockaden zu beseitigen, welche dich bis jetzt davon abgehalten haben, die Liebe des Vaters zu empfangen und dein Herz als ein wahrer Sohn oder eine wahre Tochter zu entdecken. Jesus hatte das Herz eines Sohnes Seinem Vater gegenüber und Er lebte beständig in der Liebe seines Vaters. Das Johannesevangelium berichtet uns darüber, dass Jesus tat und sagte, was Er Seinen Vater tun sah und sagen hörte. Jesus, der Erstgeborene, lädt uns als Seine Brüder und Schwestern ein, in derselben Welt mit Ihm zu leben.

Wenn wir unsere Herzen öffnen, dann gießt der Vater, durch den Heiligen Geist, Seine Liebe in unsere Herzen aus. Denn nur in einem Herzen, das durch Liebe verändert wurde, kann wahre und langfristige Veränderung stattfinden. Nach Jahren von Anstrengung und Leistung finden viele endlich den Weg nach Hause, einem Ort der Ruhe und der Annahme.

Wenn du an einer A-Schule interessiert bist, findest du mehr Informationen unter „Schools & Events" auf **www.fatherheart.net**

ÜBER DEN AUTOR

James Jordan war in jungen Jahren ein professioneller Jäger im Buschland Neuseelands – bis eine tiefgreifende Begegnung mit der Liebe Gottes sein Leben veränderte und ihn in den prophetischen Dienst führte.

Er hat mehr als 30 Jahre Erfahrung im geistlichen Dienst und ist in den letzten 15 Jahren mehrmals um die Welt gereist. Er lehrte an verschiedenen Schulen und sprach auf Konferenzen in Australien, Neuseeland, dem Vereinigten Königreich, Europa, Skandinavien, Russland, der USA, Südamerika, Malaysia, Indonesien, Korea und Südafrika. Am wohlsten fühlt er sich allerdings als Bergsteiger und Jäger in der Wildnis Neuseelands. Er ist ein begeisterter Gleitschirmflieger und genießt es in seiner Freizeit durch die Lüfte zu segeln.

James und Denise Jordan sind die Gründer von Fatherheart Ministries International, einem Dienst, der Schulen, Konferenzen und Seminare in vielen Ländern rund um den Globus anbietet. Für weitere Informationen bezüglich James und Denise Jordan, oder Fatherheart Ministries International, besuche **www.fatherheart.net**

FATHERHEART MEDIA

Dieses Buch ist auch in einer elektronischen Version aus dem
Kindle Store von Amazon erhältlich.

Weitere Bücher und Ressourcen von *Fatherheart Media*
sind erhältlich durch:

www.fatherheart.net/store – Neuseeland
www.fatherheartgermany.de – Deutschland
www.amazon.com – Taschenbuch und Kindle Versionen

Besuche uns auf
www.fatherheart.net

www.ingramcontent.com/pod-product-compliance
Lightning Source LLC
Chambersburg PA
CBHW071607030726
47593CB00001BA/351